10대를 위한 인공지능에 관한 거의 모든 것

10대를 위한
인공지능에 관한 거의 모든 것

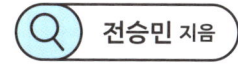
전승민 지음

교보문고

머리말

로봇과 인공지능의 세상을 살아갈 여러분에게

식당에서 음식을 가져다주는 서빙 로봇이나 로봇 청소기를 본 적이 있나요? 스마트폰 카메라로 사진을 찍어 AI 프로필을 만들어 본 적은요? 챗GPT에게 숙제를 물어본 적이 있을지도 모르겠습니다.

주변에서 로봇과 인공지능 프로그램을 흔히 볼 수 있는 시대입니다. 그럼에도 여전히 이 분야를 전문적인 영역이라고 생각해 낯설게 느끼는 사람들이 많습니다. 어른들도 그렇지만, 학생 여러분에게도 생소한 분야인 것 같습니다.

저는 오랫동안 과학 전문기자로 일하고 꾸준히 과학기술 관련 책을 냈던 터라 종종 학교에 일일 강사로 초청받곤 합니다. 특히 '로봇과 컴퓨터'라는 주제로 학생들과 이야기를 나눌 기회가 많았습니다. 최신 IT 기술이 얼마나 발전했는지, 미래에는 어떤 기술이 발명될지 상상하는 즐거운 시간이죠. 하지만 이런 이야기를 낯설게 느끼는 학생이 많았습니다. 그때마다 기본적인 지식을 알려 주었지만, 더 풍성한 이야기를 나누지 못해 아쉬운 마음이 컸죠.

제가 오랜 기자 생활과 저술 활동을 통해 깨달은 중요한 사실은 로봇과 인공지능은 이제 상식이 되었다는 점입니다. 게다가 이 두 가지는 결코 떼어서 생각할 수 없는 존재이기도 하죠. 그래서 저는 과학과 기술, 그리고 미래 사회의 비전에 대해 좀 더 쉽고 편하게 접근할 수 있는 안내서 같은 책을 쓰겠다고 결심했습니다. 이 책은 제가 평소에 받았던 질문들을 참고하여 로봇과 컴퓨터, 인공지능에 관한 핵심 내용을 담았습니다.

쉽게 표현하면 로봇은 몸이고, 인공지능은 로봇을 움직이는 머리입니다. 로봇이 없으면 인공지능은 컴퓨터 속에서 정보를 전달하는 존재에 그칩니다. 정보 전달 기능도 대단한 가치가 있지만, 이것만으로는 일상에서 큰 영향력을 발휘할 수 없습니다. 반대로 인공지능이 없는 로봇은 단순 반복 작업만 할 뿐 판단을 내릴 수 없으니 쓰임새가 제한적이죠. 로봇과 인공지능이 합쳐져야만 제대로 된 '혁신'을 일으킬 수 있습니다.

이 책은 현대 문명의 근간이 된 컴퓨터 이야기로 시작합니다. 컴퓨터가 사실은 거대한 계산기였다는 사실 알고 계셨나요? 1장에서는 컴퓨터의 기본 구조와 원리, 역사를 설명합니다. 2장과 3장에서는 각각 인공지능과 로봇의 기본 개념과 작동 원리, 미래를 바꿀 가능성에 대해 말합니다. 4장에서는 인공지능과 로봇이 합쳐진 미래의 모습을 이야기합니다. 인공지능과 로봇 기술은 얼마나 발전할지, 그 안에서 우리의 삶은 얼마나 달라질지 기대하면서 말이죠. 마지막으로 5장에서는 이 모든 변화를 직접 겪을 독자 여러분들이 맞이할 새로운 직업을 소개했습니다.

로봇과 인공지능에 흥미가 있었지만 쉽게 접근하지 못했던 어린이 청소년 독자들에게 이 책이 좋은 입문서가 되길 바랍니다. 이 책을 읽고 앞으로 미래 기술에 대해 더욱 즐겁고 다양한 대화를 나눌 수 있기를 기대합니다. 이 책이 로봇과 인공지능의 기초 지식을 닦고자 하는 모든 분에게 도움이 된다면 더없이 기쁠 것 같습니다.

2023년 12월

전승민 드림.

머리말 4

1
컴퓨터로 움직이는 세상

100년 전 등장한 놀라운 계산기 20 | 최초의 컴퓨터 에니악 vs. 에드박 25 | 컴퓨터를 더 작게, 더 빠르게! 37 | 컴퓨터의 12가지 장치들 41 | 손바닥만 한 컴퓨터 47 | 컴퓨터 없이는 AI도 없다 50 | 컴퓨터가 만들어 갈 새로운 세상 56
생각해 보기 컴퓨터 편 62

2
AI는 어떻게 세상을 바꿀까

AI는 얼마나 똑똑할까? 70 | 인간처럼 학습하는 기계 81 | AI는 우리를 위협하는 존재일까? 88 | 세상에 없던 것을 만들어 내는 '생성형 AI' 95
생각해 보기 AI 편 106

3 우리를 돕는 일꾼, 로봇

어떤 기계를 로봇이라고 부를까 113 | 어떤 로봇을 만들 것인가? 121 | 로봇도 보고 만지고 느낄 수 있다! 127 | 움직이는 로봇이 세상을 바꾼다 131 | 로봇과 함께 살아갈 미래 135
생각해 보기 로봇과 AI 편 144

4 4차 산업혁명의 주인공은 AI와 로봇

4차 산업혁명은 어떻게 시작됐을까 152 | AI와 로봇이 힘을 합치면 바뀌는 것들 161 | AI의 가능성이 보여 준 미래 164 | AI와 로봇이 일자리를 빼앗아 갈까 169
생각해 보기 산업혁명 편 178

5 AI와 로봇 세상에서 맞이할 미래 직업

공부 안 해도 되는 세상이 올까 188 | 직업이 더 다양해진다! 194 | AI와 로봇 세상의 새로운 직업들 200

독후활동 223

1

컴퓨터로 움직이는 세상

LOADING . . .

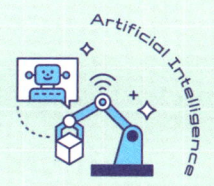

여러분 집에는 어떤 물건들이 있나요? 제 주변을 찬찬히 둘러보니 가장 먼저 TV가 보입니다. 바닥에는 로봇 청소기가 있고, 소파 위에는 어젯밤 유튜브 영상을 보다가 내버려둔 태블릿 PC가 놓여 있습니다. 주방에는 식기세척기와 정수기가 설치돼 있네요. 다용도실에는 세탁기와 건조기가 놓여 있고, 옷방에는 옷의 먼지를 털어 내고 냄새가 나지 않도록 관리해 주는 의류 관리기도 있습니다.

지금까지 이야기한 물건들은 제가 얼마 전 이사를 하면서 하나씩 사들인 최신형 기계들입니다. 이 기계들을 사용

하면서 저는 한 가지 사실을 깨닫게 되었습니다. 바로 최근 몇 년 사이에 나온 고성능 전자 제품은 대부분 인터넷에 연결할 수 있다는 점입니다. 게다가 리모컨이 따로 없어도 스마트폰으로 조작할 수 있죠. 최신형 전자 제품 안에는 매우 작은 '**컴퓨터**'가 들어 있기 때문입니다.

  물건에 컴퓨터가 들어가면 어떻게 될까요? 우리 생활이 훨씬 편리해집니다. 스마트폰으로 몇 번만 터치하면 로봇 청소기가 집안의 먼지를 빨아들이고, 빨래가 끝나면 세탁기에서 스마트폰으로 알람을 보내 줍니다. 건조기를 사용할 때도 '어떤 코스로 몇 분이나 돌려야 하지?' 같은 고민을 하지 않아도 괜찮습니다. 인간이 학습하고 판단하는 능력을 컴퓨터 프로그램으로 만든 **인공지능(AI)**이 최적 온도와 시간을 알아서 설정해 주니까요. 그래서 요즘에는 컴퓨터가 들어 있는 전자 제품에 '**스마트**'라는 단어를 붙여 부릅니다. 스마트 TV, 스마트 세탁기, 스마트 청소기, 스마트 오븐…. 이런 스마트 기기들 덕분에 우리 일상은 과거와 비교할 수 없을 만큼 편리해졌습니다.

컴퓨터가 들어간 **스마트 제품**으로 편리해진 것은 집안 일뿐만이 아닙니다. 이미 컴퓨터 없이는 세상이 움직이지 않는다고 할 수 있을 정도죠. 컴퓨터라고 하면 대체로 책상 위에 놓여 있는 **데스크톱컴퓨터**나 접어서 가지고 다닐 수 있는 **노트북컴퓨터**, 아니면 **스마트폰**이나 **태블릿 PC** 정도를 떠올리곤 합니다. 하지만 우리는 생각보다 훨씬 다양한 분야에서 컴퓨터 시스템을 사용하고 있습니다.

자동차를 타고 가다가 만나는 신호등도 컴퓨터로 자동 조작되는 것이 많습니다. 기차를 시간표에 맞게 운전하는 것도, 비행기 예약이나 주차장 출입 관리도 모두 컴퓨터가 하는 일입니다. 집에 연결된 전기나 수도, 가스 공급을 관리하는 일도 이제는 컴퓨터가 하고 있답니다.

우리 사회는 컴퓨터를 기본 시스템으로 삼아 움직인다고 할 수 있습니다. 앞으로 우리는 **AI**와 **로봇**이 사회의 중심이 되는 미래를 맞이할 것입니다. 컴퓨터 시스템의 역할은 더욱 커지겠죠. 이런 미래를 준비하는 첫 걸음은 컴퓨터의 작동 원리를 이해하는 것에서 시작한답니다.

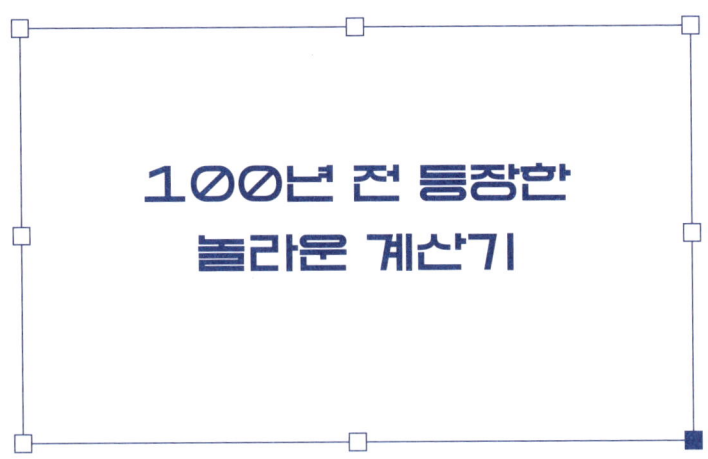

100년 전 등장한 놀라운 계산기

 책상 위에 놓아두는 데스크톱컴퓨터를 조립해 본 적이 있나요? 컴퓨터를 고치기 위해 속을 들여다본 적은요? 작은 부품들이 오밀조밀 모여 있는 복잡한 내부를 보면 대체 어느 부품이 어떤 역할을 하는지 감도 오지 않습니다. 그만큼 다양한 부품이 컴퓨터를 구성하고 있습니다.

 컴퓨터에는 기본적으로 세 가지 부품이 필요합니다. 첫 번째는 **'중앙처리장치(CPU)'**라고 부르는 계산 장치입니다. 컴퓨터는 거대한 계산기라고 할 수 있습니다. 그중 계산기의 주 업무라고 할 수 있는 계산 작업을 하는 부품을 CPU라고 합니다. 그다음으로는 CPU가 계산할 자료들을 보관하는 **기억장치**가 있습니다. 흔히 **'램(RAM, 메모리)'**이라는 장치를 사용하죠. RAM은 작업대라고 생각하면 편합니다. CPU가 계산할 자료들을 펴 놓기도 하고, 계산을 끝낸 자료들을 놓아두기도

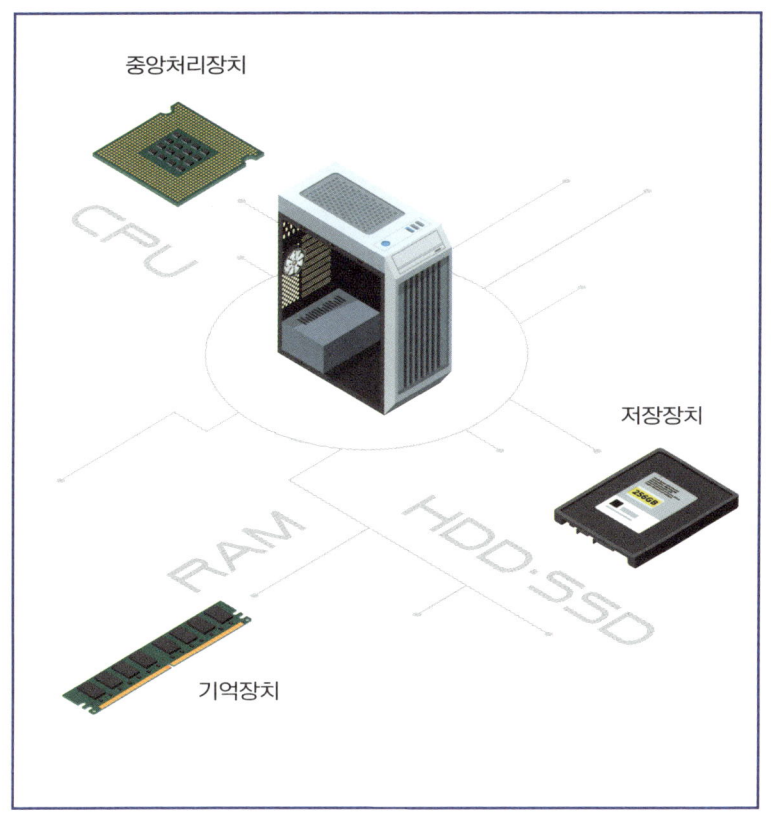

컴퓨터의 세 가지 핵심 부품

컴퓨터의 내부

합니다. CPU가 빠르게 계산할 수 있도록 중간다리 역할을 하죠.

마지막 부품은 **'저장장치'**입니다. 컴퓨터는 전기로 움직이기 때문에 전기가 꺼지면 작업대 위에 올려놓은 자료가 모두 사라집니다. 그러니 계산한 자료를 어딘가에 잘 보관해 두면 좋겠죠? 컴퓨터를 끄기 전에 RAM에 두었던 자료들을 저장하는 곳이 바로 '저장장치'입니다. 주로 **하드디스크(HDD)**나 **에스에스디(SSD)** 같은 기기를 저장장치로 사용합니다. 컴퓨터에는 수많은 부품이 있지만, 핵심 부품인 이 세 가지 장치를 중심으로 작동합니다.

이처럼 CPU, RAM, 저장장치로 구성되어 있으며 프로그램을 미리 기억장치에 저장하는 컴퓨터 구조를 '**폰 노이만 구조**'라고 합니다. 이 구조를 처음 생각해 낸 수학자 **존 폰 노이만**■의 이름을 따서 지었습니다. 컴퓨터는 대부분 폰 노이만 구조를 따르고 있습니다. CPU의 성능, RAM의 용량, 저장장치의 용량이 조금씩 다를 수는 있지만 이 세 가지 부품 중 어느 하나라도 빠져서는 안 됩니다.

요즘에는 거의 모든 전자 기기에 컴퓨터가 들어가니 이 세 가지 부품도 당연히 들어 있습니다. 집 안 어디서나 스마트폰

■ **존 폰 노이만**
John von Neumann

헝가리 출신의 미국인 수학자로 컴퓨터과학과 수학을 비롯해 양자역학, 경제학, 통계학 등 여러 분야에서 뛰어난 업적을 남겼습니다. 현대 컴퓨터의 아버지라고도 불러요.

으로 냉장고, 세탁기, TV 등을 조작할 수 있는 것은 이 부품들이 무선 인터넷 연결 장치와 연결되어 있기 때문입니다.

　이렇게 컴퓨터를 활용한 기술이 급속도로 발전하다 보니 컴퓨터가 최근에 개발되었다고 생각하는 사람들이 많은 것 같습니다. 하지만 컴퓨터는 100년도 더 전인 1900년대에 이미 기본 구조와 원리가 완성되었답니다.

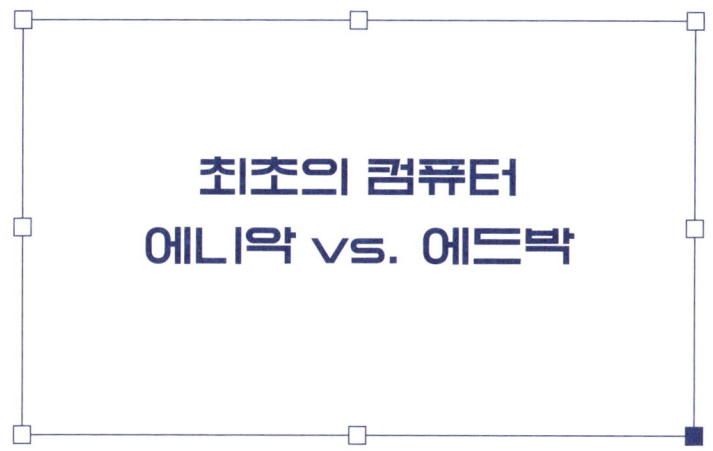

최초의 컴퓨터
에니악 vs. 에드박

　세계 최초의 컴퓨터는 무엇일까요? 인터넷에 검색해 보면 **'에니악(ENIAC)'**이라는 답변이 많습니다. 에니악은 1946년에 미국 펜실베이니아 대학교에서 발명한 30톤짜리 초대형 컴퓨터입니다. 원래는 제2차 세계대전이 한창이던 1943년에 미사일이나 발사된 탄알 등이 날아가는 궤도를 계산하기 위해 개발을 시작했습니다. 하지만 에니악은 제2차 세계대전이 끝난 1945년 이후에 완성됐기 때문에 실제로 전쟁에 쓰이지는 못했습니다. 대신 우주선 연구, 일기예보 연구 등 과학 분야에서 사용됐죠.

에니악(왼쪽)과 에드박(오른쪽)

에니악이 가장 오래된 컴퓨터 중 하나인 것은 맞습니다. 하지만 유일한 최초의 컴퓨터라고 하기는 어렵습니다. 그 시기에 다른 곳에서도 컴퓨터를 개발하고 있었기 때문입니다. 에니악이 등장하고 이듬해인 1947년, 폰 노이만은 **'에드삭(EDSAC)'** 이라는 컴퓨터를 만들기 시작하여 1949년에 완성했습니다.

앞에서 지금의 컴퓨터는 대체로 폰 노이만 구조를 따른다고 이야기했죠? 에니악은 폰 노이만이 에드삭을 개발하기 이전에 만든 컴퓨터입니다. 당연히 폰 노이만 구조를 갖추지 못하고 단순 계산 기능만 가지고 있었죠. 그래서 에니악보다는 에드삭이 진정한 최초의 컴퓨터라고 이야기하는 사람도 있습니다.

에드삭 개발은 또 다른 컴퓨터인 **에드박(EDVAC)**의 탄생으로 이어졌습니다. 폰 노이만 구조가 개발된 이후 만들어진 에드박은 **소프트웨어**를 설치해 사용한 최초의 컴퓨터입니다. 최신형 컴퓨터와 원리가 똑같죠.

컴퓨터라는 놀라운 물건은 이렇게 세상에 태어났습니다. 손으로 하던 복잡한 계산을 컴퓨터로 빠르게 척척 할 수 있다니

■ **소프트웨어**
software

컴퓨터 시스템은 **하드웨어**와 **소프트웨어**로 구성되어 있습니다. 모니터, 키보드, 마우스 같은 물체를 하드웨어, 컴퓨터의 프로그램을 운영하는 시스템을 소프트웨어라고 부릅니다. 애플의 **iOS**나 마이크로소프트의 **윈도우**처럼 프로그램을 운영하는 바탕이 되는 소프트웨어를 '**운영 체제(OS)**'라고 합니다. 컴퓨터에는 OS를 먼저 설치한 다음 인터넷이나 포토샵, 한글, 워드프로세서 등 **응용 프로그램(앱)**을 설치해서 사용해야 합니다. OS 없이는 컴퓨터를 사용할 수 없는 것이죠.

얼마나 좋았을까요. 특히 다양한 단위의 숫자를 계산해야 하는 과학 연구에 큰 도움이 되었을 것입니다. 컴퓨터가 발명된 초창기에는 주로 대학이나 연구 기관에 컴퓨터가 설치되곤 했습니다.

컴퓨터의 발명은 혁신이었지만 초기 컴퓨터는 너무 크고 관리가 어렵다는 단점이 있었습니다. 지금은 작은 금속으로 만든 **반도체**를 부품으로 사용하지만, 컴퓨터 개발 초기에는 반도체를 만들 기술이 없었습니다. 그래서 선택한 방법이 **진공관**입니다.

컴퓨터에 넣을 전기회로를 만들기 위해서는 전기가 한쪽으로만 흐르는 장치가 필요합니다. 일반 전선은 양쪽으로 전기

■ **반도체**
semiconductor

열이나 전기가 잘 통하는 물체를 **도체**라고 부릅니다. 보통 전선처럼 양쪽으로 전기가 흐르면 도체, 한쪽으로만 전기가 흐르면 **반도체**, 전기가 통하지 않으면 **부도체**로 나누어 생각하면 됩니다.

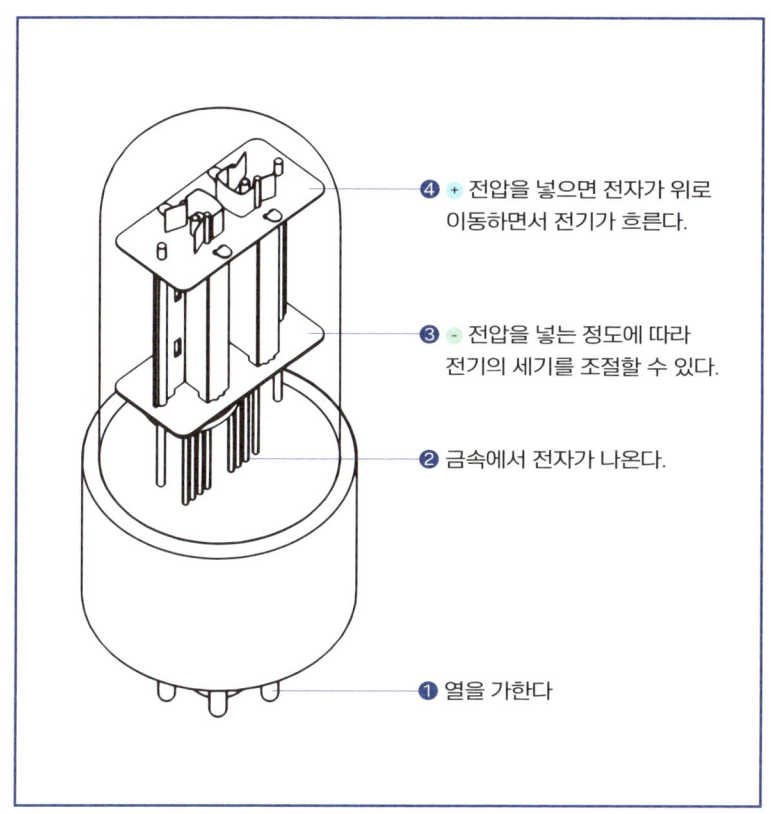

진공관의 원리

가 흐르는데, 이것만 가지고서는 컴퓨터를 만들 수 없었습니다. 그래서 전기가 한쪽으로만 흐르거나 원하는 시간에 원하는 방향으로 흐르게 하는 진공관을 사용했습니다.

진공관의 원리는 이러합니다. 공기가 없는 **진공 상태**로 만든 유리관 속에 금속을 넣고 그 **금속에 열을 가합니다**. 금속이 열을 받아 뜨거워지면 표면에서 **전자**가 튀어나오고, 공기가 없는 유리관 속에는 전기가 흐르기 시작합니다. 진공 상태에서 다른 물체에 전기적 힘을 미칠 수 있는 **전기장**이 생기면 안에 들어 있던 다른 금속들 사이로 **전기**를 흐르게 만들 수 있습니다. 전기장의 세기를 조절해서 전기를 더 크게 흐르게 할 수도 있고, 잠시 전기가 흐르지 않게 만들 수도 있죠. 요즘에는 잘 사용하지 않지만 과거에는 전구를 이런 방식으로 만

현대 음향 장비에도 많이 쓰이는 진공관

들었습니다. 생긴 것도 비슷합니다.

　그러나 진공관을 이용해 전기회로를 만드는 방식에는 문제가 많았습니다. 요즘 컴퓨터를 만드는 데 사용하는 전기회로는 눈에 보이지도 않을 정도로 작습니다. 그런데 진공관을 이용하면 전기회로 하나를 만들기 위해 커다란 전구 하나를 사용하는 만큼 큰 공간이 필요합니다. 당연히 컴퓨터의 크기는 엄청나게 컸고, 전기도 많이 들었습니다. 더구나 진공관은 전구와 마찬가지로 수명이 있어서 진공관이 망가질 때마다 수리하는 과정이 번거로웠습니다. 적게는 수백 개, 많게는 수만 개의 진공관이 설치된 커다란 방에 사람이 들어가 진공관을 일일이 갈아 끼워야 했죠.

　이렇게 불편하다 보니 진공관의 시대는 그리 오래가지 못했습니다. 10여 년이 지나자 사람들은 비효율적인 진공관 대신 실리콘이나 게르마늄 같은 물질을 이용해 작게 가공한 반도체를 만들어 냈습니다.

　반도체는 컴퓨터 역사에 큰 변화를 가져왔습니다. 눈에 띄는 가장 큰 변화는 컴퓨터의 크기가 엄청나게 작아졌다는 것입니다. 지금은 '반도체 전쟁'이라는 말까지 나올 정도로 전

세계가 더 작고 더 정밀한 반도체를 만들기 위해 많은 노력을 기울이고 있습니다. 이런 최신 기술이 1900년대에 등장했다는 사실이 놀랍지 않나요? 사람들은 언제나 새로운 기술을 위해 꾸준히 노력해 왔습니다.

소형 컴퓨터가 등장하면서 사람들은 가정에 컴퓨터를 설치하는 상상을 하게 되었습니다. 진공관으로 만든 거대한 컴퓨터는 가격이 매우 비싸 구매하기 어려웠지만 컴퓨터가 작아지면서 가격도 많이 내렸기 때문이죠. 집에 컴퓨터를 두고 여러 가지 작업을 하면 편리할 것이라고 생각하는 사람도 늘어났습니다.

1974년 최초의 개인용 컴퓨터 '알테어 8800'이 발매되었지만 이는 기술자들을 위한 기계에 머물렀습니다. 이후 **애플**을 공동 창업한 **스티브 잡스**와 스티브 워즈니악은 **대중을 위한 개인용 컴퓨터를 개발**하는 데 성공했습니다. 애플에서 출시한 다양한 컴퓨터는 곧 세계 여러 나라로 퍼져 나갔습니다. 잡스는 애플에서 출시한 컴퓨터를 자신의 공장에서만 만들고 싶어 했습니다. 그러다 보니 컴퓨터를 사려는 사람은 많은데 그에 비해 컴퓨터가 만들어지는 속도는 빠르지 않았죠. 사람

애플에서 판매한 초기 매킨토시 컴퓨터

마이크로소프트에서 개발한 운영 체제(OS) 윈도우를 설치하는 화면

들의 수요에 맞출 수 있는 대안이 필요했습니다.

이때 사용자가 컴퓨터를 손쉽게 다룰 수 있는 **운영 체제(OS)** 인 '윈도우'를 개발한 사람이 **빌 게이츠**입니다. 덕분에 누구나 손쉽게 개인용 컴퓨터를 만들어 팔 수 있게 되었습니다. 빌 게이츠가 설립한 회사인 마이크로소프트에서 다양한 컴퓨터 시스템을 개발하면서 컴퓨터는 지금과 같은 모습으로 변했습니다. 만약 스티브 잡스와 빌 게이츠 두 사람이 없었다면 우리가 사용하는 컴퓨터 시스템의 모습은 지금과 크게 달라졌을지도 모릅니다.

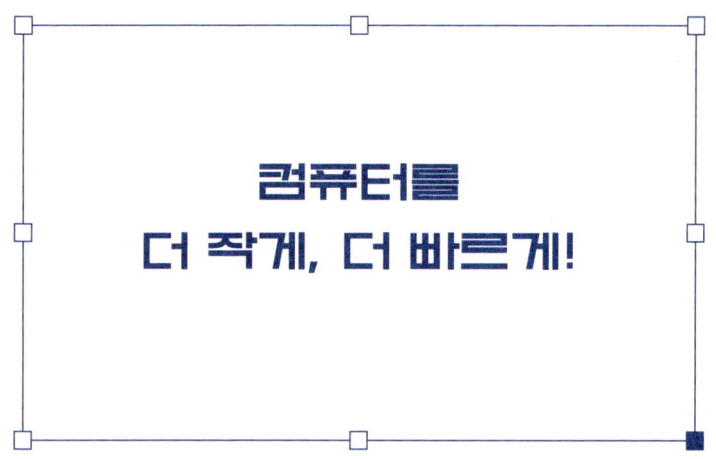

컴퓨터를 더 작게, 더 빠르게!

컴퓨터를 발명한 지 아직 100년도 채 지나지 않았지만, 그 사이 컴퓨터는 눈부신 속도로 발전했습니다. 사람들은 특히 컴퓨터의 계산 속도를 높이는 데 많은 노력을 기울였습니다.

컴퓨터의 성능을 높이려면 다양한 기술이 필요합니다. 우선 계산 장치인 CPU의 성능이 뛰어나야 하죠. 전송 속도가 빠르고 용량이 큰 RAM도 있어야 합니다. 작업대(RAM)가 커야 일을 하는 사람(CPU)의 능률도 오를 테니까요. 저장장치의 용량도 커야 하고, 데이터를 읽고 쓰는 속도 역시 빨라야 합니다. 요즘에는 자기력을 이용해서 데이터를 저장하는 방식

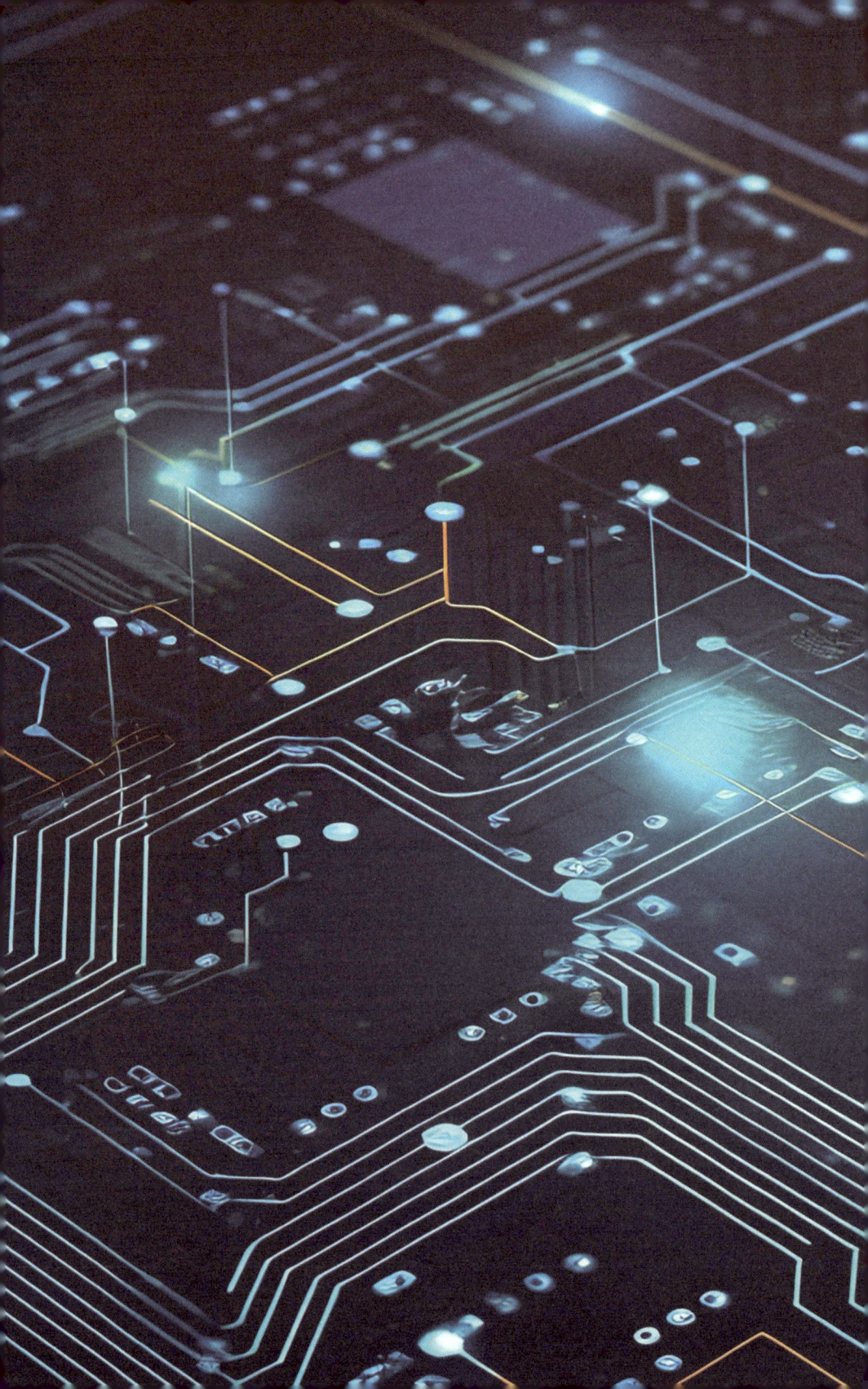

의 HDD 대신 전기를 이용하여 저장하는 방식의 SSD를 이용해 속도가 훨씬 빨라졌습니다. 그래서 컴퓨터 시스템에는 주로 SSD를 쓰고 HDD를 보조 장치로 사용하는 경우가 많습니다.

컴퓨터의 부품은 더 작아지고 더 빨라졌습니다. 이제는 손바닥보다 작은 컴퓨터가 이상하지 않은 세상이 되었죠. 이런 기술 발전은 그냥 주어지는 것이 아닙니다. 과학자가 자연현상에 대한 원리를 알아내고 공학자들이 이 원리를 이용해 새로운 하드웨어를 연구하여 세상에 내놓아야 합니다.

과학기술자들과 상인들은 컴퓨터 시스템이 빨라지고 컴퓨터가 작아짐으로써 세상이 바뀔 것이라는 사실을 일찍이 알고 있었습니다. 덕분에 컴퓨터를 발명한 이래로 세상은 매우 빠르게 발전했습니다.

컴퓨터과학 용어 중 **'무어의 법칙'**이라는 것이 있습니다. 미국의 반도체 회사인 인텔을 세운 고든 무어가 관찰을 통해 1965년에 내놓은 법칙으로 **"반도체 칩의 성능을 높여 주는 트랜지스터의 수가 12개월마다 두 배가 될 것"**이라고 예상한 것입니다. 엄밀히 말하면 그의 예측은 틀렸습니다. 반도체 칩의 성능이 두 배 빨라지는 주기가 보통 18개월인 것으로 관찰되었기 때문입니다. 이후 무어의 법칙은 '18개월마다 두 배씩 성능이 높아진다'라고 수정되어 지금까지도 많은 사람들이 이야기하고 있습니다. 현재는 여러 가지 한계 때문에 반드시 18개월 주기를 따르고 있지는 않습니다. 하지만 컴퓨터를 구성하는 장치인 하드웨어의 성능은 굉장한 속도로 빨라지고 있답니다.

컴퓨터의 12가지 장치들

앞서 CPU와 RAM, HDD 또는 SSD가 컴퓨터에서 가장 핵심적인 세 가지 부품이라고 말했습니다. 하지만 이외에도 컴퓨터를 구성하는 필수 부품이 매우 많습니다.

컴퓨터를 좀 더 자세히 들여다볼까요? 우선 '**메인보드**'가 있습니다. '**마더보드**'라고 부르기도 합니다. CPU나 RAM, SSD 등을 연결해 하나의 시스템으로 만들기 위해서는 이것들을 한꺼번에 올려놓을 커다란 부품이 필요합니다. 그 역할을 하는 부품이 바로 메인보드입니다.

메인보드 위에는 서로 데이터를 주고받을 수 있는 '**시스템**

버스'라는 것이 설치됩니다. 우리가 이용하는 대중교통인 '버스'에서 이름을 따왔습니다. 말 그대로 데이터의 교통수단이기 때문이죠. CPU와 RAM뿐만 아니라 컴퓨터에 연결하는 마우스나 키보드 같은 다양한 입출력장치도 모두 시스템 버스를 이용해서 데이터를 주고받습니다. 따라서 시스템 버스의 성능에 따라 컴퓨터 전체의 성능이 좌우됩니다. 메인보드를 중요하지 않다고 여기는 사람들도 있는데, 시스템 전체의 성

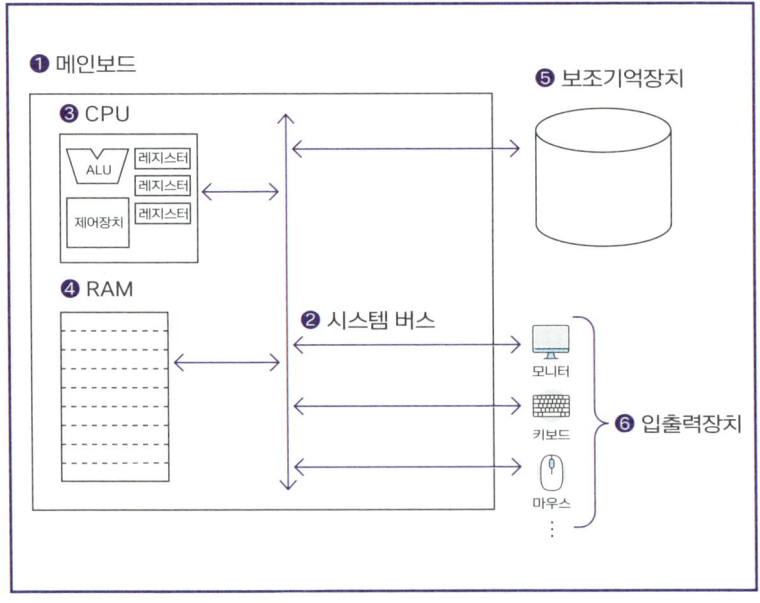

컴퓨터의 필수 부품

능과 안정성을 결정하는 중요한 부품이므로 반드시 좋은 것을 사용해야 합니다.

컴퓨터는 전기로 작동하기 때문에 각 부품에 전기를 공급하는 '**파워 서플라이(전원공급장치)**'가 필요합니다. 줄여서 '**파워**'라고 부르기도 하죠. 우리 몸에 비유하자면 심장이나 마찬가지인 부품입니다. '**그래픽 카드**'도 빼놓을 수 없습니다. 컴퓨터가 작동할 때 가장 바쁜 곳은 영상을 표시하는 모니터입니다. 우리가 모니터를 통해 출력되는 화면을 보게 하려면 잠시도 쉬지 않고 계속 일을 해야 하니까요. 보통은 CPU 대신 영상 처리를 전문으로 하는 장치를 별도로 연결해 이 일을 맡깁니다. 이 장치를 그래픽 카드라고 합니다.

그래픽 카드 안에는 '**그래픽처리장치(GPU)**'라는 또 다른 부품이 들어 있습니다. 영상 정보를 처리하고 모니터에 출력시키는 일을 합니다. GPU 덕분에 유튜브 영상이나 게임 화면 등을 볼 수 있는 것이죠. 요즘 나오는 CPU에는 대체로 GPU 기능도 포함되어 있어서 별도로 그래픽 카드를 구매하지 않아도 됩니다. 다만 컴퓨터 그래픽 작업이나 고성능 게임같이 영상이 화려한 프로그램을 사용하고 싶은 사람이라면 별도로 그래픽 카드를 설치하는 것이 좋습니다.

 마지막으로 지금까지 이야기한 부품들을 모두 조립해 넣을 **케이스**가 필요합니다. CPU, RAM, 저장장치, 메인보드, 파워, 그래픽 카드, 케이스까지 최소 7개의 부품을 조립해야 컴퓨터를 제대로 만들 수 있습니다. 여기까지가 컴퓨터 **본체**입니다.

 본체가 완성되면 컴퓨터가 작동할 수 있습니다. 하지만 우리가 여러 기능을 사용하기 위해 추가로 필요한 것들이 있죠. 우선 화면을 볼 수 있는 **모니터**가 있어야 합니다. 글씨를 쓰고 커서를 움직여 클릭하려면 **키보드**와 **마우스**도 있어야겠죠. 소리를 들으려면 **스피커**도 연결해야 합니다. 여기에 '**사운드 카드**'라는 부품을 별도로 설치하기도 합니다.

 본래 컴퓨터는 사운드 카드를 별도로 설치해야 소리를 낼 수 있는 기계였습니다. 지금은 대부분의 최신형 컴퓨터에는 메인보드에서 자체적으로 사운드 카드 기능을 지원하고 있어서 사운드 카드를 연결하지 않아도 소리를 들을 수 있습니다. 하지만 컴퓨터로 작곡을 하는 사람이라서 섬세하게 소리를 들어야 한다거나, 컴퓨터로 영화를 보면서 생생한 효과음을 들

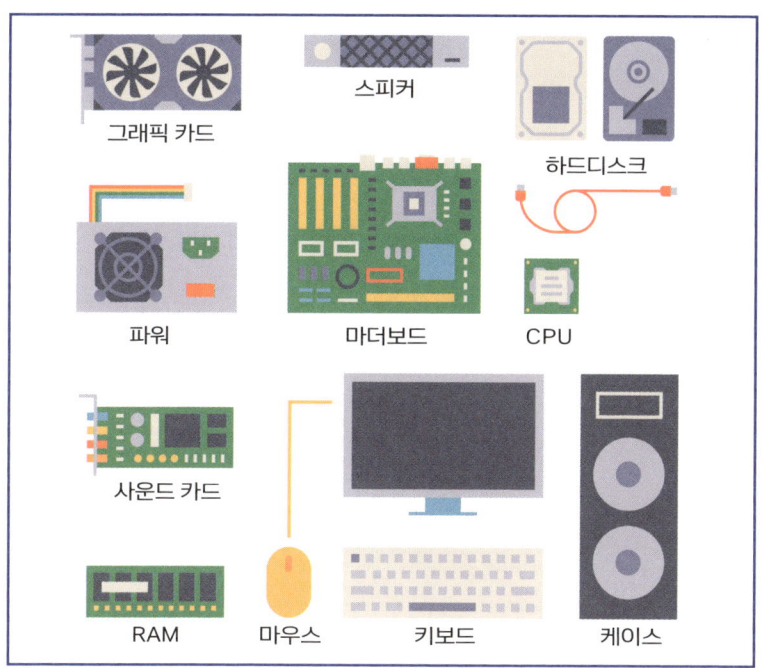

컴퓨터의 구성 부품

고 싶은 사람은 고성능 사운드 카드를 연결해 쓰기도 합니다.

지금까지 이야기한 컴퓨터의 부품들을 모두 정리해 보겠습니다. **❶CPU ❷RAM ❸저장장치(HDD나 SSD) ❹메인보드 ❺파워 ❻그래픽 카드 ❼케이스 ❽모니터 ❾키보드 ❿마우스 ⓫스피커 ⓬사운드 카드**. 생각보다 많은 부품이 필요하죠? 컴퓨터의 사용 목적에 따라 각 부품의 성능도 조금씩 달라집니다. 전문적으로 음악을 듣기 위한 컴퓨터나 고음질로 영화를 감상하기 위한 컴퓨터라면 사운드 카드를 따로 설치할지를 고민해 보고, 설치하면 좋겠지요. 만약 글을 쓰거나 공부를 하기 위한 컴퓨터라면 그래픽 카드나 사운드 카드가 특별히 좋을 필요는 없겠죠. 요즘 인기 있는 직업인 유튜버나 프로게이머들은 앞서 이야기한 1번부터 12번까지 모든 부품의 성능을 최고급으로 마련해야 합니다. 영상 편집 프로그램을 다루거나 게임 장면이 빠르게 반응하려면 용량도 크고 속도도 빨라야 하니까요.

이처럼 컴퓨터 부품을 구성할 때는 **컴퓨터를 어떤 작업에 사용할지** 잘 생각해 보고 결정하면 됩니다. 물론 각각의 부품이 제대로 인식하도록 설정해야 하고, 서로 짝이 맞는 부품인지 확인하는 것도 중요합니다.

컴퓨터를 잘 사용하기만 하면 될 것 같은데 왜 컴퓨터 부품에 대해 이야기했을까요? 컴퓨터의 기본 구조를 잘 아는 사람이 그만큼 컴퓨터를 더 잘 사용할 수 있기 때문입니다. 컴퓨터라는 기계인 하드웨어를 잘 알고 있으면 소프트웨어를 통해 컴퓨터를 훨씬 편리하게 다룰 수 있습니다.

손바닥만 한 컴퓨터

우리가 부품을 사서 만들 수 있는 컴퓨터 시스템은 데스크톱컴퓨터가 유일합니다. 그 외의 시스템은 보통 공장에서 미리 설계한 대로 부품이 만들어지기 때문에 직접 만들 수 없습니다. 그렇다면 다른 컴퓨터는 어떨까요?

흔히 볼 수 있는 노트북컴퓨터를 예로 들어 보겠습니다. 노트북컴퓨터의 기본 구조는 몇 가지만 빼면 데스크톱과 똑같습니다. 마우스를 대신해 **터치패드**가 붙어 있고, **모니터**도 아주 얇은 것이 내장되어 있습니다. 거기에 맞춰 **반으로 접히는 케이스**가 설계되어 있죠. **파워**도 내장되어 있고, 콘센트

에 전원을 꽂지 않더라도 몇 시간 정도는 쓸 수 있도록 **배터리**도 들어 있습니다.

　여기서 크기가 더 작아진 휴대용 컴퓨터도 있습니다. 바로 **스마트폰**입니다. 한 손에 들어갈 정도로 크기를 줄이려니 모든 부품이 작아지고 단순해졌습니다. 간편하게 들고 다녀야 하니 키보드나 마우스가 없어도 사용할 수 있도록 모니터가 터치 스크린으로 바뀌었습니다. 작은 화면 위에 키보드와 마우스 기능이 모두 있는 셈이죠. 기계 옆쪽에 작은 버튼 형식으로 파워를 넣었고, 충전해서 쓸 수 있는 배터리도 들어 있습니다.

들고 다니는 컴퓨터에는 어떤 기능이 있으면 좋을까요? 지금 스마트폰에는 전화기, 카메라, 위치를 파악할 수 있는 GPS 기능과 지도, 진동 감지 센서 등 여러 가지 부품을 넣어 기계 하나로 많은 일을 할 수 있습니다. 언뜻 보기에는 컴퓨터와 전혀 다른 물건처럼 보이고 사용 방법에도 차이가 있지만 기본 구조는 **컴퓨터**입니다.

이런 방식으로 요즘에는 많은 물건이 **컴퓨터화**, 즉 **스마트 기기화**되고 있습니다. TV, 세탁기, 게임기, 청소기, 시계, 이어폰 등 우리가 생활에서 사용하고 몸에 걸치는 많은 것들이 컴퓨터로 만들어지는 세상이 된 것입니다.

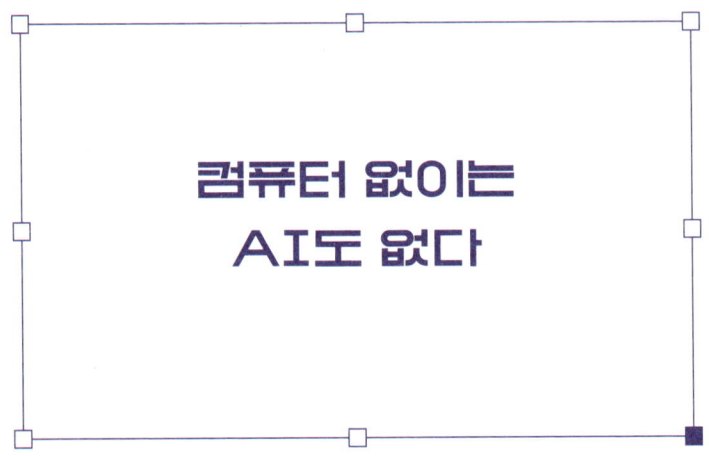

컴퓨터 없이는 AI도 없다

　컴퓨터는 기본적으로 엄청난 속도로 계산할 수 있는 기계입니다. 과연 계산기로 얼마나 다양한 일을 할 수 있을까 싶지만, 계산 기능 하나만으로도 엄청난 효과를 가져옵니다. 컴퓨터가 개발된 초기에는 컴퓨터를 정말 계산에만 사용했습니다. 미사일을 어떤 궤적으로 발사하면 되는지 계산하거나 천문학 데이터를 분석하는 등 사람이 직접 계산하기 어려운 작업에 컴퓨터를 투입한 것이죠.

　컴퓨터의 편리함을 경험한 사람들은 곧 '컴퓨터의 빠른 계산 능력을 이용해 다른 일을 할 수는 없을까?'라고 질문하기 시작했습니다. 그 질문들이 이어져 지금은 컴퓨터가 단순한 계산기였다고 상상하기 어려운 일들까지 처리할 수 있게 되었습니다.

컴퓨터로 그림 그리는 일을 **컴퓨터 그래픽**이라고 합니다. 캐릭터 디자이너나 웹툰 작가도 컴퓨터 그래픽 소프트웨어를 이용해 작품을 만듭니다. 한마디로 전부 컴퓨터 계산으로 이뤄진 작업이라는 뜻이죠. 컴퓨터 화면에서 위치를 잡고, 그 좌표 위에 점을 찍거나 선을 그리는 작업 모두 정밀한 계산의

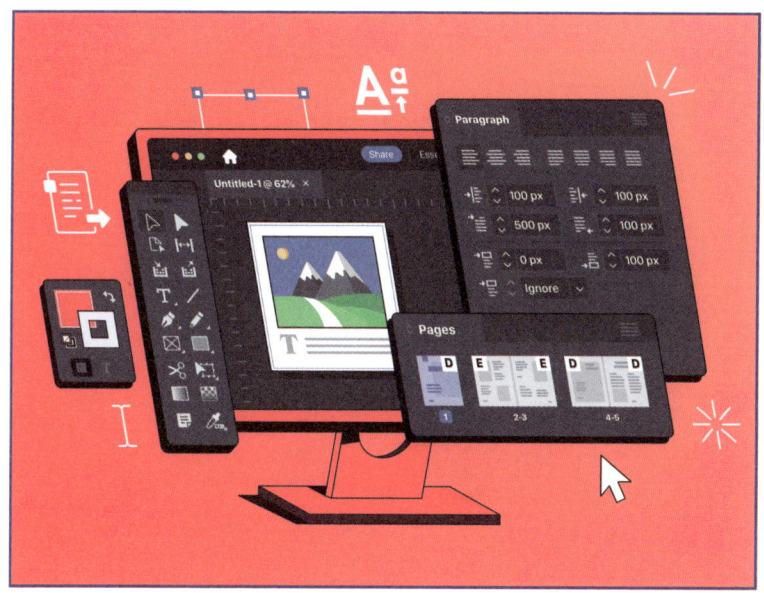

결과입니다. 선을 그릴 때는 점을 연속해서 찍거나 선의 시작점과 끝점의 위치를 계산해 그 사이에 색을 칠하면 됩니다. 같은 방식으로 직선은 물론 곡선, 삼각형이나 사각형 등 도형도 그릴 수 있습니다. 선의 휘어진 정도(곡률)도 전부 계산할 수 있으니까요. 색상 코드가 있으니 계산으로 원하는 색을 입히는 것도 가능합니다. 이런 기술 발전 덕분에 이제는 컴퓨터로 그림을 그리는 것이 이상하지 않은 세상이 되었습니다.

이뿐만이 아닙니다. 컴퓨터로 **사진과 동영상을 편집**하고

만들 수도 있습니다. 사진을 연속으로 보여 주면 움직이는 사진, 즉 동영상이 됩니다. 이런 영상을 컴퓨터 프로그램으로 잘라 붙여 연결하는 것도 컴퓨터로 계산하는 것입니다. **영상 편집**이라고 부르는 이런 기술 덕에 요즘은 방송국에서 일하는 PD가 아니더라도 직접 영상을 찍고 편집해서 업로드하는 개인 유튜버들이 많아졌습니다.

작곡이나 **악기 연주**도 컴퓨터로 할 수 있습니다. 무료로 사용할 수 있는 작곡 프로그램도 다양해졌고, 녹음한 목소리를

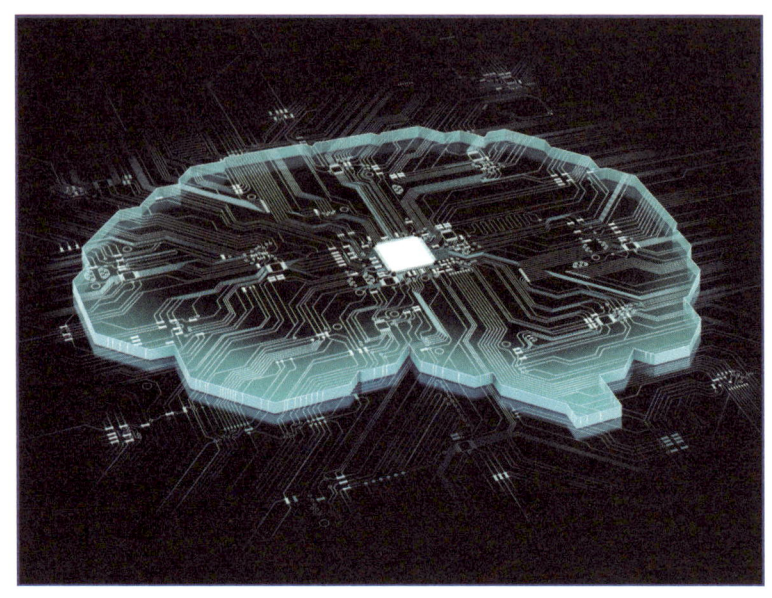

직접 편집할 수 있는 프로그램도 개발되었기 때문입니다. 연주할 때와 마찬가지로 컴퓨터에 스피커와 악기를 연결해 소리의 크기, 높낮이 등을 조절하면 됩니다.

이런 기술들을 총동원하면 컴퓨터 그래픽을 이용해 **영화**나 **게임**까지도 만들 수 있습니다. 스마트폰이 탄생하면서 할 수 있는 일은 더 많아졌습니다. 친구와 메시지를 주고받는 것은 물론이고 어디서든 음악을 듣거나 영화를 보고, 은행 업무를 처리하고 인터넷을 검색합니다. 온라인 쇼핑몰에서 물건을 구입하기도 하죠. 카메라나 녹음기의 기능을 대신하기도 하니 이제는 스마트폰 하나로 거의 모든 일을 할 수 있습니다.

모든 일을 **계산**으로 처리하는 방법을 고민하는 것. 이것이 컴퓨터공학자들이 하는 일 중 하나입니다. '어떻게 하면 컴퓨터로 **새로운 일**을 할 수 있을까?' 이 간단한 원칙을 놓고 전 세계의 수많은 컴퓨터공학자들은 오늘도 치열하게 연구하고 있습니다.

수학자와 과학기술자, 컴퓨터공학자들은 끊임없이 노력한 끝에 컴퓨터의 새로운 가능성을 발견했습니다. 바로 컴퓨터가 사람의 **지능**을 어느 정도 흉내 낼 수 있다는 것입니다. 우리는 이것을 **인공지능, AI**라고 부릅니다. 물론 AI의 기능이 사람의 지능과 완전히 같지는 않습니다. 가끔 영화에서는 AI가 인간보다 똑똑해져서 어느 날 우리를 공격할지도 모른다는 상상을 펼치기도 합니다. 하지만 AI의 원리를 알면 이런 걱정이 사라질 것입니다. 여기서 우리가 알아야 할 것은 앞으로 세상을 크게 바꿀 것이라고 이야기하는 **AI의 기본 원리 또한 컴퓨터의 계산 능력**이라는 사실입니다.

컴퓨터가 만들어 갈 새로운 세상

미래 사회에서 AI만큼 중요하게 여기는 것이 또 하나 있습니다. 바로 **로봇**입니다. 생각보다 우리 주변에는 로봇이 흔하게 있습니다. 식당에 가면 주문한 음식을 가져다주는 로봇이 있고, 커피를 내려 주는 바리스타(커피 전문가) 로봇, 사람 대신 요리를 해 주는 로봇까지 등장했습니다. 집을 비운 사이 로봇 청소기가 자동으로 청소를 하거나 이를 반려동물이 따라다니는 장면은 이제 일상이 되었습니다.

과거에는 로봇을 주로 공장에서 사용했습니다. 인간보다 힘이 세고, 단순 반복 작업을 효율적으로 처리해 주는 기계였기 때문입니다. 이미 예전부터 사용해 온 로봇을 왜 이제서야 미래 세상을 크게 바꿀 주인공이라며 주목할까요?

최근 만들어지고 있는 로봇 안에는 컴퓨터가 내장되어 있습니다. 컴퓨터의 성능이 점점 좋아지고 있으니 로봇의 성능도 점점 더 좋아지고 있죠. 과거에는 프로그램해 둔 대로만 움직이던 로봇이 이제는 생활 속에서 단순한 판단을 내려 가며 일할 수 있게 된 것입니다. 컴퓨터가 모든 것을 **계산**해 주고 있기에 로봇도 이만큼 발전한 것입니다.

로봇 청소기를 예로 들어 보겠습니다. 세상에 로봇 청소기

바리스타 로봇

가 처음 등장한 것은 2001년입니다. 불과 20여 년 전의 일이죠. 스웨덴의 가전제품 회사 **일렉트로룩스**가 최초의 로봇 청소기 **트릴로바이트**를 만들어 팔았습니다. 당시에는 비싼 가격에 비해 성능이 형편없고 사용도 불편해서 사려는 사람이 별로 없었습니다. 이후 수많은 기술자가 성능을 꾸준히 높여 왔지만 여전히 불편한 점이 많았습니다. 그렇게 잘 팔리지 않던 로봇 청소기가 최근 몇 년 사이에 엄청난 인기를 얻고 있습니다. '저걸 꼭 사야 하나?'라고 생각했던 물건이 이제는 어느

바닥을 청소하는 로봇 청소기

집에서나 '나도 한 대 사 볼까?' 싶은 물건이 된 것입니다.

가장 큰 이유는 성능이 좋아졌기 때문입니다. 이전에는 전깃줄을 청소해야 하는 것인 줄 알고 씹어 먹거나 난간에서 떨어져 고장이 나기도 하고, 문틈에 낀 채 윙윙거리는 등 웃지 못할 사고가 많았습니다. 하지만 이제는 매우 똑똑해져서 이런 사고가 거의 없습니다. **카메라**와 **각종 센서**가 달려 있어 주변 환경을 인식하고, 스스로 판단해 최적의 청소 순서를 정하고 장애물을 피해서 움직입니다. 컴퓨터의 성능이 좋아진 덕분에 청소기에 AI 기술을 적용할 수 있게 되었고, 덩달아 로봇 청소기도 많이 발전하여 우리 생활을 바꾸기 시작했습니다.

미래에는 얼마나 다양한 AI 프로그램을 활용하는가, AI가 탑재된 로봇을 얼마나 능수능란하게 사용하느냐에 따라 개인의 경쟁력이 크게 바뀔 것입니다. AI를 적절하게 이용하지 못하면 지금 컴퓨터나 스마트폰을 다룰 줄 모르는 것과 마찬가지로 매우 불편해지겠죠.

처음 발명되었을 때 혁신적인 신기술이었던 컴퓨터가 이제는 누구나 이용하는 평범한 기계가 되었습니다. 학교에서 낸 숙제도 컴퓨터가 없으면 하기 어렵고, 어른들이 다니는 회사에도 컴퓨터가 놓여 있으니 말입니다. 이제는 거의 모든 일을 컴퓨터로 한다고 해도 과언이 아닙니다. 설계, 그림 그리기, 회계 업무, 글쓰기, 병원 진료 등 거의 모든 영역에서 컴퓨터를 사용합니다. 컴퓨터가 불러온 변화처럼 미래에는 **AI와 로**

봇이 사회의 핵심 역할을 할 것입니다. 이 모든 혁신은 **컴퓨터**에서 시작했습니다. 컴퓨터 시스템이 없으면 AI도, 고성능 로봇의 개발도 불가능하니까요.

컴퓨터를 모르면 세상을 이해하기 힘든 시대에 우리에게 꼭 필요한 것은 **언어 능력**입니다. 글을 읽고, 이해하고, 쓰고, 내가 주장하고 싶은 것을 논리적으로 말하려면 언어를 알아야 합니다. 이를 '**문해력**'이라고 합니다.

여기에 더해 이제는 '**디지털 미디어 문해력**'도 익혀야 합니다. 책에서만 정보를 얻었던 예전과 달리 요즘은 동영상이나 인터넷 등 **다양한 매체**에서 정보를 얻고 학습하기 때문이죠. 새로운 매체들은 대체로 컴퓨터를 통해 만들어집니다. 컴퓨터와 AI에 대한 기본 지식을 바탕으로 다양한 매체에서 알려주는 정보를 분별력 있게 읽을 수 있다면 우리는 더 넓은 세상을 더 깊이 이해할 수 있을 것입니다.

> 생각해 보기

컴 퓨 터 편

오전 7시 스마트폰 알람 소리에 눈을 떴습니다.
"시리야, 오늘 날씨 알려 줘."
"현재 기온 영상 10도, 비가 내리고 있습니다. 외출 시 우산을 챙기세요."
거실로 나오니 로봇 청소기가 열심히 청소 중입니다. TV를 켜고 넷플릭스를 연결해 애니메이션을 봤습니다. 영상이 끝날 때쯤 스마트폰에서 배달 앱을 열어 샌드위치를 주문했습니다. 음식이 도착할 때까지 아이패드로 유튜브에 접속해 알고리즘이 추천한 예능 프로그램을 봤습니다.
"주문하신 음식이 현관 앞에 도착했습니다. 맛있게 드세요."
샌드위치를 먹고 노트북으로 밀린 숙제를 하고 나니 오후가 되었습니다.
우리는 아침에 잠에서 깨어나 밤에 잠이 들 때까지 컴퓨터에 둘러싸여 살아가고 있습니다. 스마트폰, 시리 앱, 로봇 청소기, 넷플릭스, 배달 앱, 아이패드, 유튜브, 노트북까지 모두 우리가 일상에서 사용하는 컴퓨터의 기능입니다.
만일 이 세상에서 컴퓨터가 사라진다면 어떻게 될까요? 컴퓨터가 없는 세상은 어떻게 바뀔지, 그리고 어떤 것이 가장 불편하고 힘들지 상상해 보세요.

ㄹ

AI는 어떻게 세상을 바꿀까

LOADING . . .

"AI 로봇이 사람을 공격하면 어떻게 하나요?"

영화나 애니메이션에 등장하는 AI를 보면서 이런 걱정을 하는 사람들이 많습니다. '기계의 지능이 점점 더 높아져서 끝내 사람을 지배하려고 하는 것은 아닐까?' 하는 두려움이 생긴 것이죠. 이런 상상 속 AI를 **'강한 인공지능'**이라고 부릅니다. 줄여서 **'강인공지능'**이라고도 하죠. 감정이 있고, 스스로 목표를 정하고, 누군가가 시키지 않아도 알아서 판단하고 일을 하는, **사람처럼 생각하는 AI**를 뜻합니다.

이런 강인공지능은 아직 개발되지 않았습니다. 지금은 인간만큼 똑똑한 AI가 없다고 하지만 나쁜 마음을 먹은 개발자가 인간보다 강하고, 인간을 지배하고 싶어 하는 AI를 만들면 어떻게 될까요? 정말 강인공지능은 우리를 위험에 빠뜨릴까요?

AI는 **인간의 두뇌를 흉내 내어 학습하는 기계**입니다. 하지만 우리는 아직 인간 두뇌의 비밀을 다 알아내지 못했습니다. 알지도 못하는 것을 모방해 새로운 시스템으로 만든다는 것은 앞뒤가 맞지 않는 이야기입니다. 그런 일은 더 먼 미래에, 우리 뇌에 관한 비밀이 충분히 밝혀진 다음에나 생각해 볼 수 있는 일입니다. 간혹 자신이 그런 AI를 만들었다고 이야기하거나 보여 주는 사람들도 있는데, 전문가들의 의견을 종합해 보면 사실이 아닌 내용을 교묘하게 연출하는 경우가 대부분이라고 합니다.

우리 주변에서 흔히 볼 수 있는 AI는 '**약한 인공지능**'입니다. 보통 '**약인공지능**'이라고 부르죠. 스스로 생각할 수 없고, 사람이 시킨 일을 정해진 순서에 따라 할 뿐입니다. 쉽게 말해서 AI는 **사람 대신 정해진 규칙에 따라 최적의 판단을 하는 기술**입니다. 이렇듯 AI는 판단을 내릴 수 있기 때문에 과거에 컴퓨터나 로봇이 해내지 못했던 일도 해냅니다.

AI는 바둑이나 장기, 체스 같은 **게임**을 잘하고 자동차 운전 같은 **기계 조작**도 가능합니다. 언제 핸들을 돌려야 하는지, 브레이크나 액셀러레이터를 밟아야 하는지 판단할 수 있으니까요. 작곡이나 그림 그리기 같은 **창작 활동**도 할 수 있습니다. 원하는 내용을 지시하면 AI가 판단하고 계산해서 작품을 만들어 냅니다. AI를 사용하는 사람의 능력에 따라 결과물이 많이 달라지긴 하지만, 작업 과정에서 스스로 판단을 내리는 것은 과거의 로봇이나 컴퓨터에는 없던 능력입니다. 이것이 바로 AI를 **혁신**이라고 하는 이유입니다.

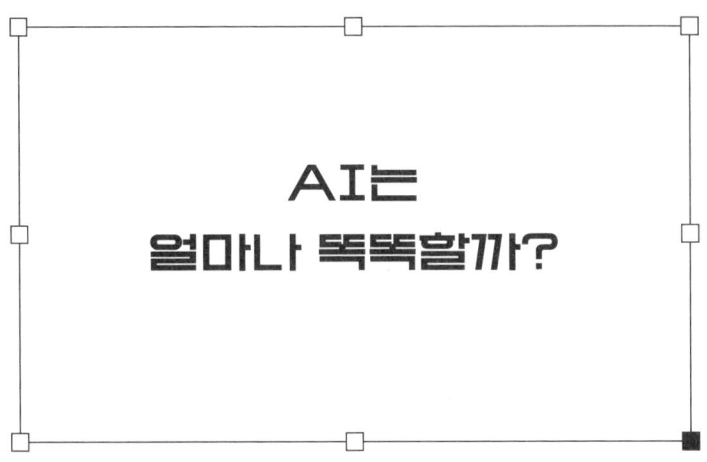

요즘 전자 기기 광고를 보면 너도나도 AI를 도입했다고 자랑하곤 합니다. 특히 AI 냉장고, AI 정수기, AI 청소기 등 고급형 가전제품은 AI 기능이 없는 것을 찾기가 더 어렵습니다. 컴퓨터에서 사용하는 소프트웨어 프로그램도 마찬가지입니다. AI 기술을 이용해 한 제품이 다양한 기능을 갖도록 프로그램을 업그레이드하고 있습니다.

사진을 편집하는 포토샵 프로그램을 예로 들어 보겠습니다. 포토샵에는 사진에서 지우고 싶은 부분을 지우고 주위 배경을 채워 넣거나 새로운 이미지와 합성할 수 있는 기능이 있습니

다. 하지만 그 과정이 복잡해서 배우다가 도중에 포기하는 사람이 많았죠. 그런데 최근 AI를 활용한 '생성형 채우기' 기능이 생겼습니다. 몇 가지 명령어만 입력하면 배경을 감쪽같이 바꿀 수 있게 된 것입니다. AI를 활용한 기능이 생기면서 포토샵 프로그램 사용이 더욱 편리해졌습니다.

AI 기술의 단순한 활용뿐 아니라 **AI 프로그램**도 개발되고

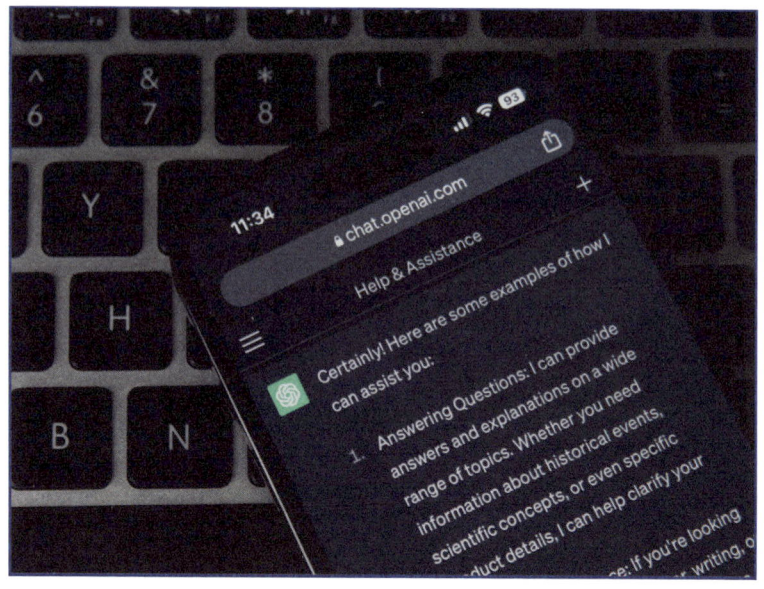

있습니다. **알파고**는 구글 딥마인드에서 개발한 바둑 AI 프로그램입니다. 2016년 3월, 알파고는 바둑기사 이세돌 9단과 다섯 차례 대국을 가졌습니다. 사람들은 바둑이 체스보다 더 복잡한 게임이기 때문에 알파고가 프로 바둑기사를 쉽게 이길 수 없을 것이라고 생각했습니다. 하지만 예상과 달리 알파고가 4대 1로 이겨 큰 충격을 주었습니다. **챗GPT**는 대화할 수 있는 AI 프로그램입니다. 채팅하듯이 챗GPT에 질문을 하면 관련 정보를 찾아 깔끔한 문장으로 대답해 줍니다.

포토샵의 새로운 기능에 쓰인 AI부터 대화형 AI인 챗GPT까지, 지금껏 이야기한 AI는 모두 **약인공지능**에 속합니다. 약인공지능은 한 분야에서 인간이 지시한 사항을 수행하는 능력을 가지고 있습니다. 인간의 명령을 그대로 따르는 것도 결코 쉬운 일은 아닙니다. AI는 수많은 데이터를 학습해야만 판단을 내리고 일을 처리할 수 있기 때문이죠.

그렇다면 AI는 어떻게 데이터를 학습할까요? AI의 학습 방법은 **기호주의**와 **연결주의**로 나눌 수 있습니다. **기호주의** 방식은 사람이 소프트웨어의 동작 순서를 전부 알려 주는 방식

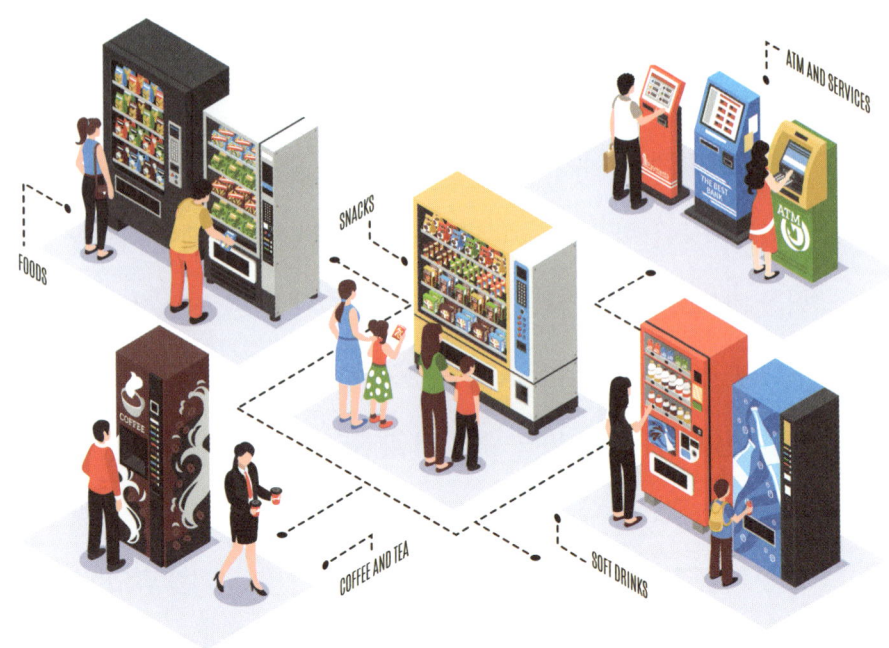

입니다. 쉽게 말하면 일반적으로 컴퓨터 코딩을 할 때 사용하는 **순서도**와 같습니다. AI에 어떤 일을 하면 되는지 순서대로 알려주고 이를 잘 따라가기만 하면 되는 것이죠.

스스로 생각하고 알아서 척척 판단하는 AI를 상상했는데 실망스러운가요? 하지만 AI가 따라야 할 동작의 **순서**만 잘 구성하면 **정해진 환경**에서 AI는 대단히 똑똑하게 움직입니다. 자판기를 예로 들어 보겠습니다. 자판기는 500원, 100원, 50원, 10원짜리 동전을 구분하기 위해 각 동전의 무게와 크기,

두께 등을 측정하도록 만들어집니다. 종이돈을 넣어도 1,000원, 5,000원, 10,000원짜리 지폐를 알아서 구분하고 물건의 가격과 잔돈까지 계산해 줍니다. 사실 이 정도 구분은 어렵지 않게 처리할 수 있습니다. 동전과 지폐의 형태가 서로 다르니까요.

그렇다면 한국 돈과 크기가 같은 외국 지폐는 어떨까요? 종이의 두께나 거칠거칠한 정도, 지폐에 그려진 이미지를 인식하는 기능 등을 넣어야 하고, 매우 세밀한 규칙을 짜야합니다. 또 그것들을 컴퓨터에 일일이 가르쳐 주어야 하죠. 개발자들이 이런 노력을 끊임없이 한 결과 우리는 자판기를 편리하게 사용할 수 있게 되었습니다.

이렇게 모든 명령을 일일이 입력해야 하는 기호주의 방식은 처음 설정할 때 할 일이 많습니다. 대신 **동작 속도가 빠르고, 확실하게** 움직입니다. 입력한 내용에 실수만 없다면 틀릴 일도 없습니다. 컴퓨터 시스템의 성능이 좋지 않더라도 큰 문제가 생기지 않죠. 여러모로 장점이 많은 방식입니다. AI가 발전해서 새로운 방식이 나온다고 해도 기호주의 방식은 계속해서 쓰일 중요한 기술입니다.

연결주의 방식은 완전히 다릅니다. 정해진 순서대로 일하도록 순서를 짜는 것이 아니라, 사람의 **학습 기능**을 흉내 낼 수 있는 특별한 소프트웨어를 만들어 활용하는 방식입니다. 다른 기계나 소프트웨어에서 입력된 수많은 정보를 살펴본 다음, 사람의 명령 없이도 판단하고 동작하도록 만듭니다. 최근 **'첨단 AI 기술'**이라고 하는 것은 모두 연결주의 방식을 이용했다고 생각해도 됩니다.

예를 하나 들어 보겠습니다. 컴퓨터는 개와 고양이를 구분할 수 있을까요? 사람은 사진 한 장만 보고도 개와 고양이를 구분해 냅니다. 말로 설명하기는 힘들지만 둘 사이의 차이를 알고 있기 때문입니다. 그렇다면 AI는 어떻게 개와 고양이를 구분할 수 있을까요?

여러분이 AI에 학습을 시켜야 하는 소프트웨어 개발자라고 상상해 봅시다. 사진 속 개와 고양이가 어떻게 다르다고 설명할 건가요? 눈과 코의 생김새와 비율, 털 색깔, 귀의 각도 등 다양한 조건을 끊임없이 검토하고 비교하면 될까요? 사진의 각도에 따라 비율과 색깔이 조금씩 달라질 수 있으니 위에서 말한 조건들로 두 동물을 구분하는 것은 불가능합니다. 개와 고양이의 특징을 하나씩 알려 주는 기호주의 방법으로는 AI에 개와 고양이의 특징을 가르칠 수 없는 것이죠.

이런 복합적인 판단을 내릴 수 있도록 만드는 학습 방법이 바로 **연결주의** 방식입니다. 연결주의는 무언가 가르쳐 주면 기억해 두었다가 다음에 판단할 재료로 활용하는 **'응용 학습'** 방법입니다. 개와 고양이를 구분할 수 있게 만들려면 두 동물

학습을 거치지 않은 AI가 구분하기 힘든 머핀과 치와와

이 가진 조건 중 일부를 프로그램으로 만들어야 합니다. 개와 고양이의 사진을 계속 보여 주면서 반복적으로 어느 사진이 어떤 동물인지 답을 알려 주면 AI는 개와 고양이의 특징을 스스로 터득합니다. '개'라고 입력한 사진들의 공통점과 '고양이'라고 입력한 사진들의 공통점을 각각 찾아낼 수 있기 때문입니다. 처음에는 틀리게 대답하는 경우가 더 많지만 학습을 많이 할수록 점점 정답을 자주 말하게 됩니다.

기호주의 방식으로 개발한 AI는 개발자가 의도한 것을 넘어선 판단을 내리지 못합니다. 프로그램의 성능을 높이고 싶다면 프로그래머가 일일이 개선해야만 합니다. 반대로 연결주의 AI는 더 많은 데이터를 넣으면 학습 과정을 통해 새로운 결과를 내기도 합니다. 쉽게 말해 연결주의 방식 AI는 수없이 많은 데이터를 학습하고, 거기서 공통점을 찾아내는 기술입니다.

연결주의 AI의 기본 원리는 1950년대부터 연구되기 시작했습니다. 하지만 최근에서야 주목받기 시작했죠. 왜 갑자기 사람들이 연결주의 AI에 관심을 갖게 되었을까요? 여기에는 두 가지 이유가 있습니다. 첫째, **컴퓨터 시스템의 성능**이 엄

청나게 높아졌기 때문입니다. 1950년대에도 컴퓨터는 있었지만 지금처럼 언제 어디서나 사용할 수 있는 기계는 아니었습니다. 하지만 지금은 고성능 컴퓨터를 누구나 한 손에 들고 다니는 세상이 됐습니다. 최근에는 AI 기능에 필요한 계산만 재빠르게 할 수 있는 전용 시스템도 개발되고 있다고 합니다. 이렇게 컴퓨터의 성능이 나날이 발전하니 연결주의 AI를 활용하는 방법에도 다시 관심을 갖기 시작한 것입니다.

둘째, AI의 학습 재료로 활용할 **정보**가 훨씬 많아졌기 때문입니다. 인터넷 속도가 빨라지고 누구나 인터넷을 쓸 수 있게 되면서 인터넷에 떠도는 수많은 정보를 찾아 긁어모으는 것이 가능해졌습니다. AI가 학습할 내용이 많아졌으니 결과물도 다양해졌죠. 그 결과 연결주의 방식 AI는 급속도로 세상에 퍼져 나가기 시작했습니다.

불과 10년 전만 해도 낯설었던 AI라는 용어를 지금은 어디서나 들을 수 있게 되었습니다. 첨단 기술 분야에서 일하는 사람뿐 아니라 받아쓰기를 공부하는 어린이까지도 흔히 접하는 기술이 된 것입니다.

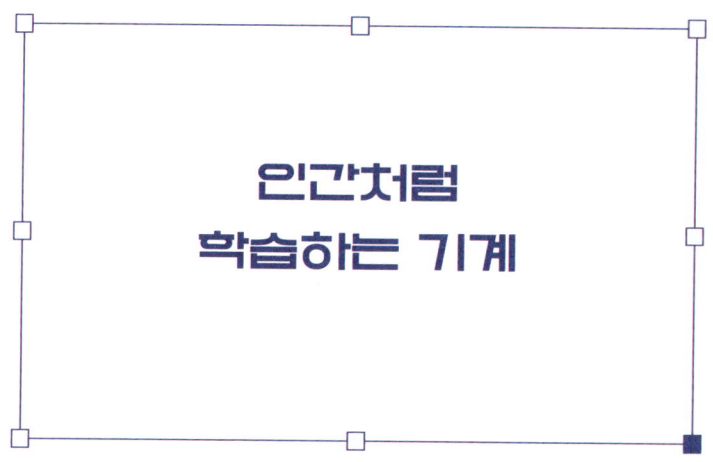

인간처럼 학습하는 기계

연결주의 AI의 특징은 인간과 비슷하게 '학습'이 가능하다는 점입니다. 따라서 AI를 최신형으로 개발할 때는 새로운 학습 과정이 필요합니다. 이 과정을 **'머신 러닝(machine learning)'**이라고 합니다. '머신(machine)'은 기계라는 뜻이고, '러닝(learning)'은 배운다는 뜻입니다. 즉 '머신 러닝'은 '기계인 AI가 학습한다'는 말이죠. 뜻을 그대로 옮겨 '기계 학습'이라고도 합니다.

AI의 학습 과정은 사람을 가르칠 때와 매우 비슷합니다. 어린아이들이 보는 동물 책에는 사진이 많이 실려 있습니다. 커다란 동물 사진 아래에 개, 고양이, 사자, 호랑이 등 동물의 이름이 적혀 있죠. 이런 책을 몇 권 보고 나면 아이들은 각기 다른 동물의 특징을 금세 배웁니다. 인간은 배우는 속도가 빠른 편이라 책 몇 권만 보고도 동물원이나 동영상에서 동물을 보면 바로 이름을 척척 알아맞힐 수 있죠. 이런 놀라운 학습 능력을 우리는 **'직관'**이라고 부릅니다. 직관은 보거나 듣거나 느끼는 등 **감각을 통해 구체적인 지식을 얻는 능력**입니다.

AI에는 없는, 사람만이 가진 특징이라고 할 수 있습니다.

　AI는 직관이 없으니 학습에 더욱 공을 들여야 합니다. 개와 고양이를 구분하기 위해 사진을 수백 장, 수천 장, 그래도 안 되면 수만 장 이상을 반복해서 학습해야 합니다. 이 과정을 거치며 AI는 개와 고양이의 특징을 알아냅니다. AI는 인간이 가진 직관이라는 능력이 없기 때문에 엄청나게 많은 데이터를 학습해야만 비로소 인간과 비슷한 판단을 내릴 수 있습니다. 이렇게 사람이 AI에 문제(사진)와 답(동물의 이름)을 함께 알려 주는 학습 방법을 '**지도 학습**'이라고 합니다.

　지도 학습은 AI의 **기본 학습** 방법입니다. 바둑을 잘 두기로 유명한 AI인 알파고도 처음에는 실력이 뛰어난 바둑기사들이 둔 좋은 기보(바둑을 둔 순서를 적어 놓은 기록)를 사람이 **일일이 선별해 학습**시켰습니다. 이렇게 하면 AI는 새로운 환경에서도 미리 학습한 기보를 바탕으로 판단하여 다음에 둘 수를 정할 수 있게 됩니다.

　'**비지도 학습**'이라는 것도 있습니다. 정답을 알려 주지 않고 AI에 많은 데이터를 제공해 **스스로 공통점을 찾아내도록 학습**시키는 방법입니다. 예를 들어 길을 가는 사람들을 무작

위로 촬영한 얼굴 사진 수만 장이 있다고 생각해 봅시다. 무수한 사진들 중 같은 사람만 골라내라고 하면 AI는 어떻게 찾을 수 있을까요?

   이런 경우에는 비지도 학습을 시키는 것이 좋습니다. 사람이 같은 인물을 하나하나 입력해 주는 것보다 수많은 사진을 보고 AI가 학습을 통해 스스로 공통점(같은 사람)을 찾아내는 방식이 훨씬 빠르기 때문입니다. 이런 기술은 경찰에서

CCTV를 통해 범죄자나 실종자를 찾을 때 유용하게 사용할 수 있습니다. 비지도 학습은 **흩어져 있는 데이터를 하나로 정리**하는 데 대단히 쓸모가 있습니다.

AI가 **스스로 연습**하도록 만드는 경우도 있습니다. 이를 '**강화 학습**'이라고 합니다. 게임 같은 반복 연습을 통해 실력을 기를 수 있을 때 사용하는 방법입니다. 사람을 가르칠 때처럼 AI에 바둑을 가르친다고 가정해 보겠습니다. 사람들이 바둑을 배울 때 상대방과 승부를 겨루거나 혼자 바둑을 두며 여러 가지 경우를 가늠해 보듯이 AI도 같은 방법으로 학습시킬 수 있습니다. 자기 자신을 상대로 혼자 바둑을 두며 데이터를 쌓도록 만드는 것이죠. 즉 **시행착오**를 통해 스스로 학습하는 것입니다.

인공지능 바둑 프로그램의 대명사 '알파고'의 최종 버전은 '알파고 제로'입니다. 2016년에 세계 정상급 바둑기사 이세돌 9단을 이긴 알파고는 '알파고 제로'가 만들어지기 전 버전인 '알파고 리'입니다. '알파고 제로'는 오직 강화 학습을 통해서만 실력을 키워 나갔는데 그 결과는 매우 놀라웠습니다. 세계 최고 수준의 바둑기사를 4대 1로 꺾은 바둑 프로그램 '알파고리'를 상대로 '알파고 제로'가 백전백승을 거둔 것입니다. 이렇듯 AI는 학습을 통해 계속 발전합니다.

AI의 학습 방법

	학습 자료	활용 분야
지도 학습	• 문제와 정답 모두 제공 • 사람이 입력한 대로 학습	• 광범위하게 활용 가능
비지도 학습	• 문제만 제공 • 사람이 입력한 데이터를 스스로 학습하여 공통점을 찾아냄	• 많은 데이터에서 공통점을 찾거나 분류 작업이 필요한 분야 예시) CCTV 자료를 활용하여 범죄자, 실종자 찾기
강화 학습	• 규칙 제공 • 스스로 학습 자료를 만들어 시행착오를 통해 학습	• 반복적인 훈련을 통해 실력을 키워야 하는 작업 예시) 체스, 바둑

이 세 가지 외에도 AI의 학습 방법은 다양합니다. 지도 학습을 거친 후에 비지도 학습을 하기도 하고, 지도 학습 후에

강화 학습을 통해 성능을 높이기도 합니다. AI는 필요에 따라 지도·비지도·강화 학습 패턴을 응용하는 등 다양한 형식으로 학습합니다. 따라서 이 세 가지 학습 방법만 이해하면 목적에 적합하게 AI의 학습 방법을 설정할 수 있습니다.

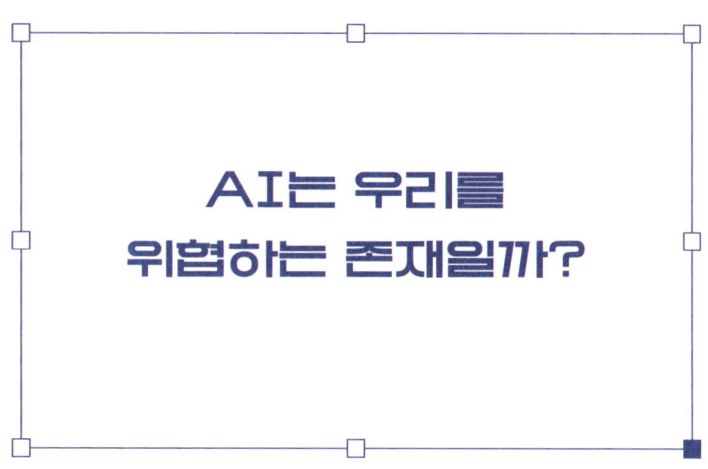

AI는 우리를 위협하는 존재일까?

 AI에는 사람의 뇌와 같은 장치가 없습니다. 그런데 어떻게 학습이 가능한 걸까요? 그 비밀은 AI의 논리 구조에 있습니다. AI는 인간의 신경망 구조를 본떠 만들어졌습니다. 우리 머리에서 정보를 조합하고 분석하듯이 AI도 학습할 수 있도록 말이죠. 이 방식을 **'딥 러닝(deep learning)'** 또는 **'심층 학습'**이라고 합니다.

 사람의 뇌 신경세포는 정보를 어떻게 처리할까요? 우선 앞에 있는 세포가 정보를 받으면 그 자극을 뒤로 전달합니다. 이렇게 정보를 뒤로 넘기는 단계를 몇 차례 거치면서 옆에 있

는 신경세포와도 신호를 주고받습니다. 뒤에 있는 친구에게 쪽지를 전달하면서 옆에 있는 친구에게도 쪽지 내용을 이야기해 주는 것과 비슷합니다.

　이런 전달 방식은 순식간에 정보를 뇌 곳곳으로 퍼뜨립니다. 사람의 뇌 속 신경세포는 1,000억 개에 달한다고 합니다. 이렇게 촘촘하게 엮여 있으니 신경세포들이 신호를 주고받으면서 상황에 따라 빠르게 판단을 내릴 수 있는 것이죠. 이 기능을 모델로 삼아 AI의 기본 회로로 만든 것이 **'딥 러닝'** 기술

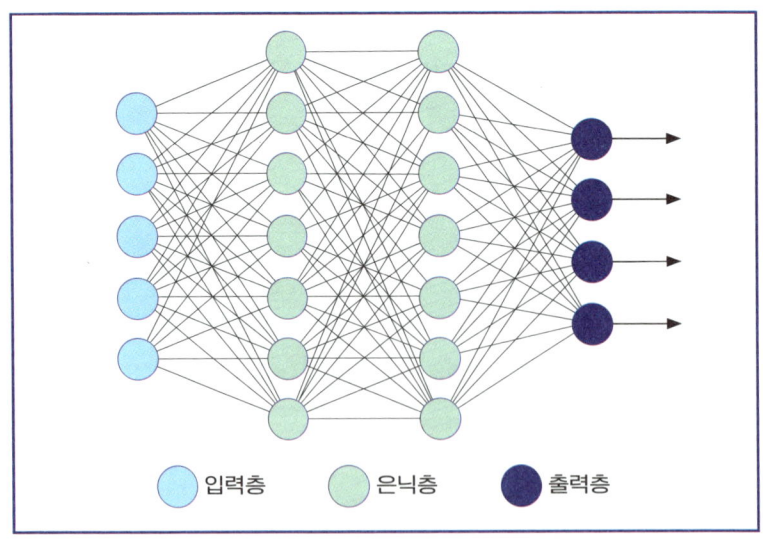

AI의 정보 처리 방식

입니다. 간단하게 그림으로 그려 보면 AI가 정보를 처리하는 데 크게 세 단계를 거친다는 것을 알 수 있습니다.

다시 한번 개와 고양이를 구분하도록 AI를 학습시킨다고 생각해 봅시다. 우선 앞쪽 '입력층'에 개나 고양이의 사진을 계속 입력합니다. 그러면 중간 '은닉층'에서 데이터들이 섞이면서 개와 고양이를 구별하는 데 필요한 데이터는 뒤로 보내고, 그렇지 않은 데이터는 지워 버릴 것입니다. 이 같은 계산을 몇 단계 반복하면 마지막 '출력층'에는 각 데이터의 공통점만 남게 됩니다. 즉 AI의 기억 속에는 개나 고양이의 특징만 남는 셈입니다. 이런 학습 끝에 AI는 개와 고양이를 구분할 수 있게 됩니다.

실제로는 이보다 훨씬 더 복잡한 시스템을 사용하기 때문에 딥 러닝 기술을 **'다층 구조 시스템'**이라고도 합니다. 딥 러닝은 학습으로 데이터를 받아들이고, 그 데이터를 기반으로 결론을 도출하는 데 좋은 모델입니다.

딥 러닝 기법이 등장하면서 다양한 분야에 AI가 적극적으로 도입되기 시작했습니다. 특히 과거에 기호주의 방식만으로는 실용화하기 어려웠던 **음성인식, 사진인식** 등의 분야가 빠르

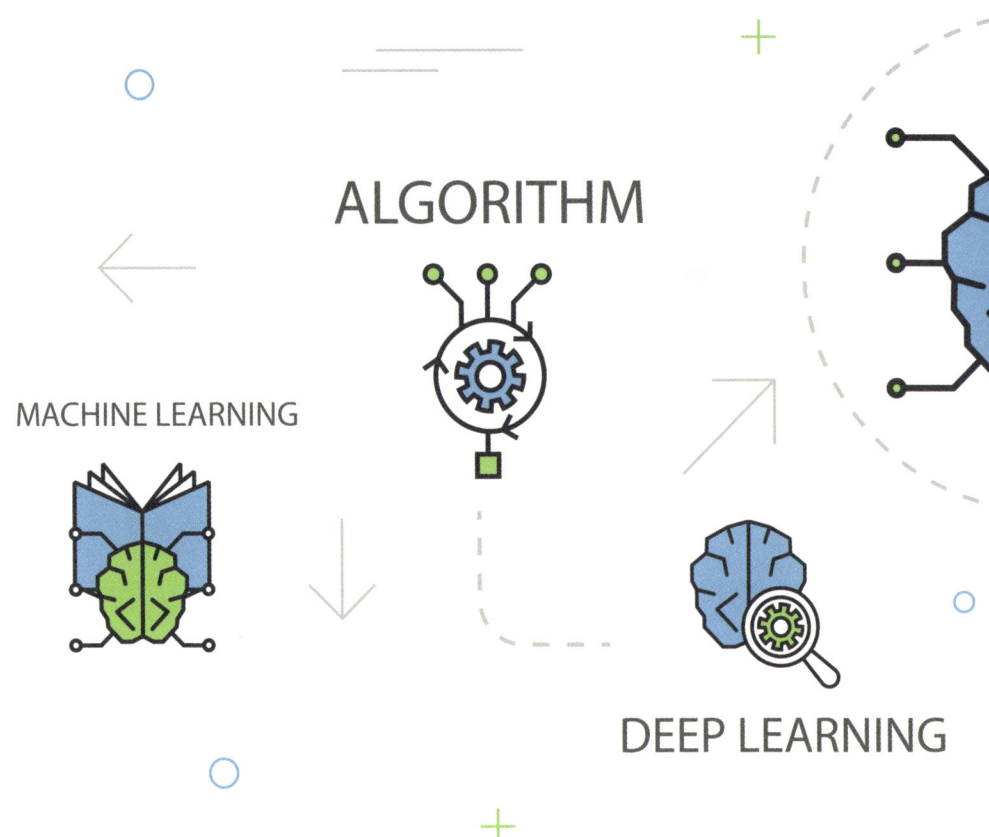

게 발전했습니다. 설명이 복잡하다면 한 가지만 기억하면 됩니다. 딥 러닝이란 결국 **인간의 신경망 구조를 흉내 내 인공적으로 사람의 판단력을 대신할 수 있는 기능을 만들어 낸 기술**을 말하는 것입니다.

딥 러닝 방식의 AI가 널리 퍼지면서 불쾌감을 나타내는 사람들도 많습니다. 인간의 뇌 구조나 동작 원리를 따라 한 기

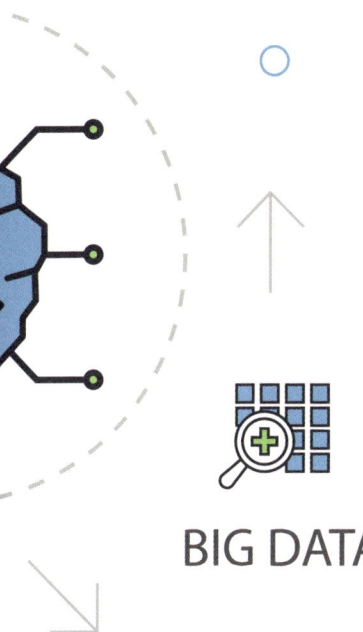
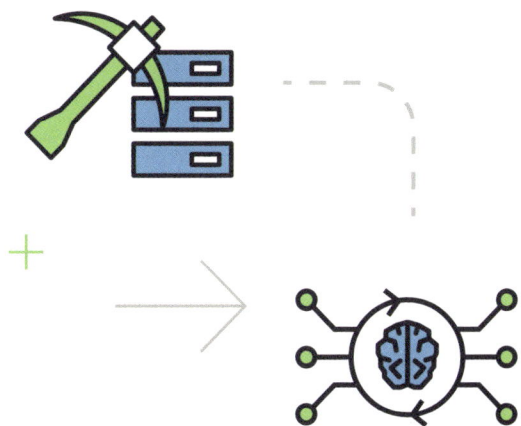

BIG DATA

DATA MINING

NEURAL NETWORK

능들이 섞여 있다 보니 이런 식으로 AI의 성능을 높여 나가다 보면 언젠가 정말 사람처럼 생각하는 강인공지능이 등장하고, 결국 인간을 지배할지도 모른다는 걱정을 하는 사람들도 꽤 많습니다.

하지만 우리가 AI 시스템을 개발할 때는 항상 **기호주의 방식으로 시작**합니다. 대략적인 시스템 설계를 마친 후에 필요한 부분을 보강하는 식이죠. 과거에는 사람이 눈으로 보고 판단할 수밖에 없었던 부분을 설계할 때(개와 고양이를 구분하는 것과 같은 상황)는 연결주의 방식을 추가해 시스템을 완성합니다. 즉 **시스템의 주도권은 인간**이 가지도록 설계하는 것입니다. 또한 연결주의 AI 개발에 사용하는 기술은 인간의 다채로운 뇌 기능 중 극히 일부분에 불과합니다. 인간 뇌 구조를 단순화했을 뿐이니 강인공지능이 인간을 위협할 것이라는 걱정은 하지 않아도 됩니다.

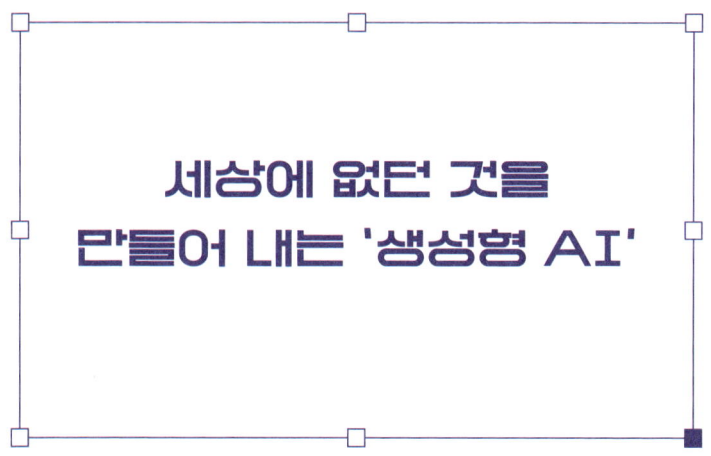

세상에 없던 것을 만들어 내는 '생성형 AI'

과거에는 AI를 사람이 해야 할 일을 대신하도록 만드는 기술로 여기는 일이 많았습니다. 이 과정에서 주로 사용한 기술이 **분석**이었습니다. 학습한 데이터를 활용해 소리나 글자, 영상을 분석해 결과물을 빠르게 만드는 용도였죠.

교통관제소는 CCTV 영상을 AI로 분석해 교통량이나 위험 상황을 빠르게 파악할 수 있습니다. 제조 공장에서는 생산품의 불량 여부를 AI로 판독할 수 있죠. 공장에서 쏟아져 나오는 물건의 모양과 색깔을 구분해 로봇 팔로 하나씩 집어내도록 만들 수도 있습니다. 이처럼 AI를 활용하면 기호주의 방식

공항에서 여행객들을 돕는 AI 로봇

만으로는 개발이 어려웠던 다양한 기술과 서비스를 만들 수 있습니다. 예전에는 식당에서 음식을 주문하면 가게 종업원이 음식을 가져다줘야 했지만 요즘은 AI가 장착된 서빙 로봇이 음식을 나르는 경우도 많습니다. AI 덕분에 과거에는 기계로 할 수 없었던 일들이 점점 실현되고 있죠.

하지만 이런 기술만으로 '누구나 AI를 활용하는 세상'이 되었다고 하기에는 조금 부족합니다. 전문가가 AI를 이용해 개발한 도구나 소프트웨어 등을 구매해서 사용하는 일은 흔해졌지만 개인의 필요에 따라 AI를 맞춤형으로 적용하기에는 여전히 어려운 점이 많기 때문입니다.

그런데 최근 주목받고 있는 AI는 조금 특별합니다. AI의 판단력을 **창작 활동**에 활용할 수 있게 됐으니까요. 사람이 AI에 어떤 것을 만들어 달라고 요구하면 AI는 그 요구에 맞춰서 결과물을 만들어 줍니다. 이런 기능을 가리켜 **'생성 AI'** 또는 **'생성형 AI'**라고 부릅니다. 영어로는 **'제너레이티브 AI'**라고 하죠. 딥 러닝 기술을 이용해 기존에 학습한 데이터를 토대로 세상에 없던 새로운 결과물을 만들어 내는 기술입니다.

생성형 AI 중 가장 유명한 것이 앞에서 잠깐 이야기했던 **'챗

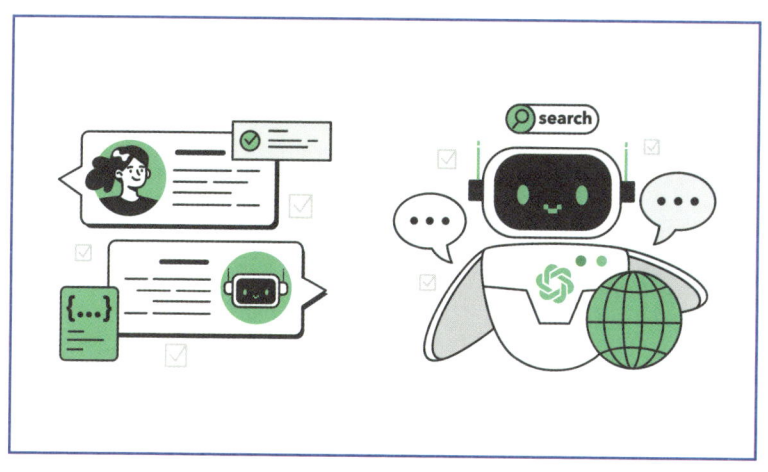

GPT'입니다. 전 세계적으로 대단히 빠르게 퍼져 나가 수많은 사용자를 확보한 **대화형 AI**죠. 챗GPT는 미국의 '오픈AI'라는 회사가 개발했는데, 이와 비슷한 기능을 하는 다른 AI도 많습니다. 구글이 개발한 '제미나이'도 매우 유명합니다.

이런 AI는 사람과 나눈 채팅을 기반으로 작동하기 때문에 질문을 하면 척척 대답하는 만능 응답기라는 오해를 많이 받습니다. 하지만 그보다는 사람 대신 글짓기를 해 주는 '문장 생성기'라고 이해하는 것이 정확합니다. 막상 챗GPT에 정답이 필요한 질문을 하면 엉뚱한 답을 내놓는 경우가 많습니다. 챗GPT는 어디까지나 그 질문에 어울리는 '문장'을 만드는 데 집중하기 때문입니다. 이런 특징을 알면 챗GPT를 더 적합한 곳에 활용할 수 있습니다.

방과 후 교실 친구들이 모여 소풍을 간다고 가정해 보겠습니다. 이때 챗GPT에 '소풍을 어디로 어떻게 다녀오면 좋을까?'라고 질문하기보다는 여행 시간표와 일정, 기본 정보 등을 입력한 후 '방과 후 활동 공고문을 만들어 줘'라고 입력하면 오류가 거의 없는 문서를 만들 수 있습니다. 두루뭉술하게 질문하고 답을 기대하는 대신 필요한 데이터를 모두 제공한

다음 글로 정리해 달라고 하면 멋진 문장을 주는 것이죠.

생성형 AI로 글짓기만 할 수 있는 것은 아닙니다. 원한다면 그림도 그릴 수 있습니다. 사용자가 입력한 명령어를 이해해 필요한 이미지를 생성해 내는 '**이미지 생성 AI**'는 이미 여러 곳에서 쓰이고 있습니다. '체스를 하는 고양이'라는 글을 입력하면 AI가 이와 관련한 이미지를 여러 개 만들어 내는 식입니다. 이미지 생성 AI로는 오픈AI가 출시한 '**달리**', 미국 항공우주국 엔지니어 출신인 데이비드 홀츠가 개발한 '**미드저니**'가 유명합니다. 이미 수백만 명이 넘는 사람들이 이 서비스를 이용해 인터넷에서 그림을 그리고 있습니다.

심지어 AI가 생성한 그림이 미술 대회에서 우승한 일도 있습니다. 게임 디자이너인 제이슨 앨런은 지난 2022년 8월 미국 콜로라도주에서 개최한 미술 대회에서 미드저니를 활용해 제작한 그림 〈스페이스 오페라 극장〉을 제출해 '디지털 아트 및 디지털 제작 사진' 부문에서 1위를 차지했습니다.

당시에 사람이 그리지 않은 그림이 대회에 참가해도 되는지 논란이 많았습니다. 특히 AI를 활용한 것은 부정행위라는 지적도 나왔죠. 그러나 콜로라도주 정부는 "디지털 아트 부

〈스페이스 오페라 극장〉

문 규칙에 따르면 **디지털 기술을 창작 과정에 사용할 수 있다.**"라며 부정행위가 아니라고 결론 내렸습니다. 이제는 손으로 직접 그림을 그리지 않아도 AI를 활용해 미술 대회에서 1위를 할 수 있는 세상이 된 것입니다.

노래를 **작곡하는** AI도 존재합니다. 우리나라에서는 안창욱 광주과학기술원 AI대학원 교수가 창업한 '크리에이티브마인드'라는 회사가 유명합니다. 이 회사가 개발한 AI 작곡가 '**이봄**'은 이미 수십만 곡을 만들었다고 합니다. 유명 트로트 가수 홍진영의 노래 〈사랑은 24시간〉, 2020년 당시 신인 가수였던 하연의 〈Eyes on you〉 앨범 등을 작곡해 화제가 되기도 했습니다. 하연은 당시 세계 최초로 AI에게 곡을 받아 데뷔한 가수가 되었습니다.

이 밖에도 많은 회사에서 작곡 AI를 개발 중입니다. 챗GPT를 개발한 오픈AI는 '주크박스'라는 AI 모델을 선보였고, 구글은 '뮤직LM'과 '오디오LM' 등을 발표한 적이 있습니다. 페이스북으로 설립되었던 메타도 새로운 음악을 생성하는 기술인 '오디오그래프트'를 발표했습니다. 초창기 작곡 AI는 사람이 작곡한 음악을 재조합하는 수준에 그쳤지만 최근에는 텍스

트를 입력하면 그 내용을 이해해 새로운 곡을 만드는 수준까지 기술이 발전했습니다.

생성형 AI 기술은 나날이 발전하고 있습니다. 글도 쓰고 그림도 그리고 작곡도 하죠. 몇 가지 조건만 알려주면 짤막한 동영상을 만드는 AI도 존재합니다. 이렇게 기술이 발전하는 추세라면 조만간 몇 가지 키워드만으로 그럴듯한 영화 한 편을 뚝딱 만들어 주는 AI도 등장할 것입니다.

생성형 AI가 많아지면 편리할 것 같지만, 일자리 걱정을 하는 사람들도 많아지고 있습니다. 특히 무언가를 창작하는 크

리에이터들의 설 자리가 위협받고 있습니다. 예를 들어 사람의 얼굴을 그린 초상화 이미지가 필요한 경우, 화가에게 부탁하면 비용을 지불해야 하고 그림이 완성되기까지 기다려야 하는 시간도 있습니다. 하지만 생성형 AI를 이용하면 거의 무료로, 단 몇 초 만에 작업이 끝납니다. 원하는 결과물을 얻을 때까지 여러 차례 작업을 의뢰할 수도 있습니다.

  이렇게 비용과 시간을 절약할 수 있다면 사람이 손으로 하던 일을 AI 앱으로 대체하는 경우가 더 많아질 것입니다. 마케팅, 게임 디자인, 웹 디자인, 인테리어 디자인 등 다양한 분야에서 AI를 더 활발히 사용하게 되겠죠. AI 기술의 발전은 세상을 이렇게 빠른 속도로 바꾸고 있습니다.

> 생각해 보기

AI 편

여기 4개의 그림이 있습니다. 다음 그림 중 AI가 그린 것은 무엇일까요?

사실 4개 모두 AI가 그린 그림입니다.

첫 번째 그림은 렘브란트의 〈자화상〉을, 두 번째 그림은 피카소의 〈아비뇽의 처녀들〉을, 세 번째 그림은 고흐의 〈별이 빛나는 밤〉을, 네 번째 그림은 레오나르도 다빈치의 〈모나리자〉를 AI에 그려 달라고 한 것입니다.

앞으로 생성형 AI는 무엇까지 만들어 낼 수 있을까요? 그리고 여러분은 AI로부터 어떤 도움을 받고 싶은가요?

3
우리를 돕는 일꾼, 로봇

LOADING . . .

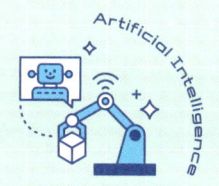

영화나 웹툰에는 종종 다양한 능력을 가진 로봇이 등장합니다. 로봇과 사람이 감정을 나누어 친구가 되기도 하고, 갈등을 빚기도 합니다. 이렇게 묘사된 로봇을 보고 있으면 사람들은 유독 로봇을 다른 기계와 달리 특별한 존재로 생각하는 것 같기도 합니다. 하지만 현실에서 로봇은 실용적인 도구에 가깝습니다. 우리의 일을 돕는 **일꾼**이라고 할 수 있죠. 반려동물처럼 함께 지낼 수 있도록 만들어진 로봇도 있지만, 그 역시 '사람과 놀기'를 할 일로 정한 것이랍니다.

실제로 '**로봇(robot)**'이라는 말에는 '**일을 하는 존재**'라는 뜻이 있습니다. 로봇은 '일을 하는 사람(노예)' 혹은 '고된 일'을 뜻하는 체코어 '**로보타(robota)**'에서 온 단어입니다. 1921년 체코슬로바키아의 작가 카렐 차페크가 『R.U.R.』(로숨의 유니버설 로봇)이라는 작품에서 '로봇'이라

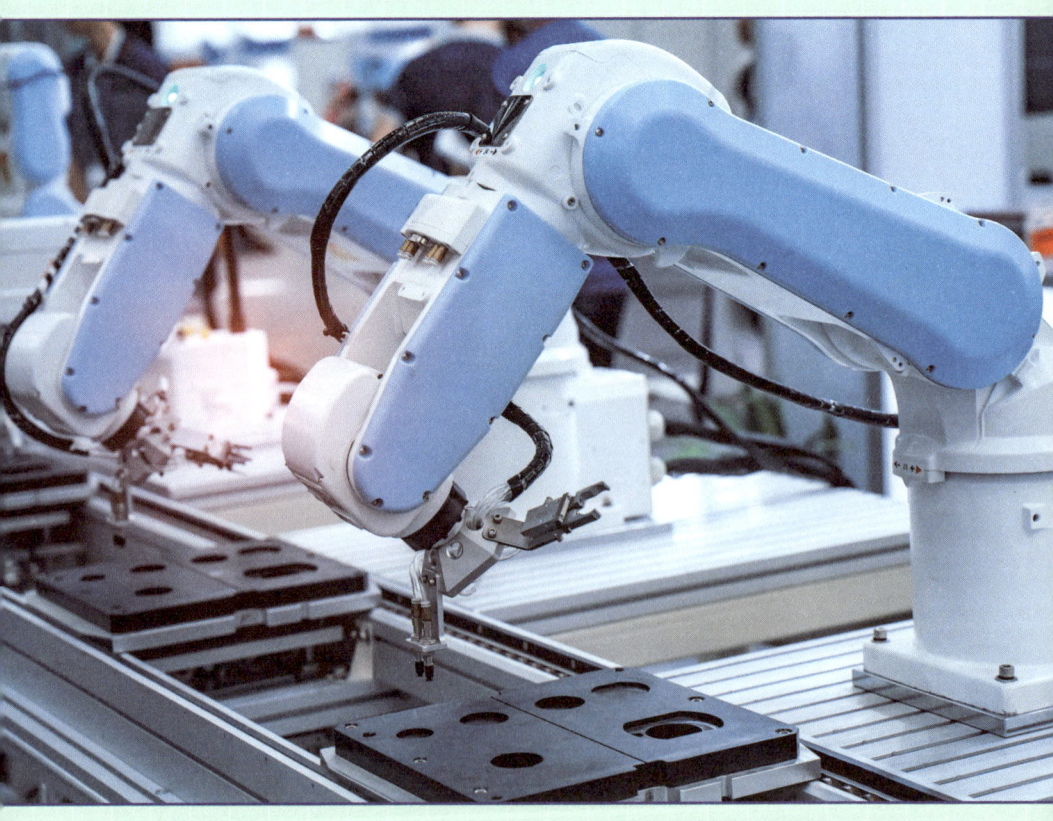

는 단어를 처음 사용했습니다.

그렇다면 로봇에게 일을 어떻게 맡길 수 있을까요? 크게 두 가지 방법이 있습니다. 첫 번째는 **정밀 제어**입니다. 명령을 입력하면 그대로 움직이도록 정확한 프로그램을 짜는 방법입니다. 주로 공장에서 사용하는 '**산업용 로봇**'이 이렇게 일합니다. 정해진 업무를 정해진 순서대로, 일정한 장소에서 반복합니다. 이렇게 만든 로봇은 주변 환경을 인식하지 못합니다. 그래서 환경이 바뀌면 사고를 일으키거나 고장이 나기도 하죠. 하지만 공장같이 매일 똑같은 일을 반복하는 환경에서는 맡은 일을 척척 잘 해냅니다.

두 번째는 **AI**를 이용한 방법입니다. **기호주의** 방식과 **연결주의** 방식 AI를 모두 활용해서 로봇에게 판단 능력을 주고, 주변 환경에 맞게 스스로 반응하여 일하도록 만듭니다. 집 안을 돌아다니는 로봇 청소기나 공항에 있는 안내 로봇, 식당에서 볼 수 있는 서빙 로봇 등 우리 주변에서 볼 수 있는 **서비스 로봇**이 이런 방식으로 제작됩니다. 과거에는 사람이 일일이 기호주의 방식으로 로봇의 동작 순서를 입력했기 때문에 실수도 잦았고, 로봇이 스스로 판단할 수 있는 부분도 적었습니다. 하지만 최근에는 **연결주의** AI 기술이 빠르게 발전하면서 로봇이 할 수 있는 일이 훨씬 많아졌습니다. 로봇은 점점 더 똑똑해지고, 우리 생활도 바뀌어 갈 것입니다.

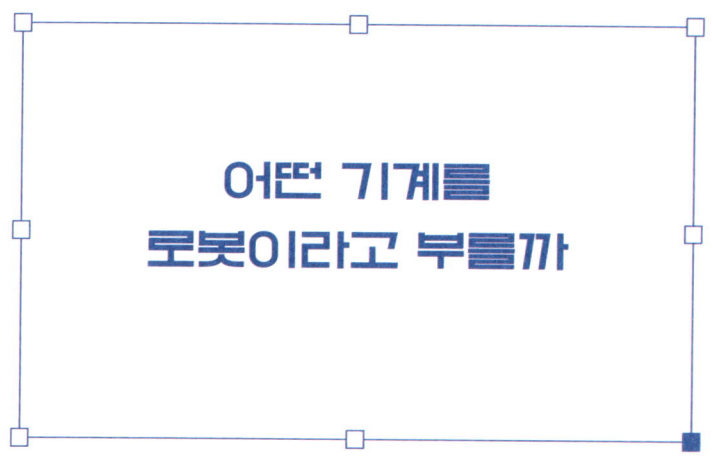

어떤 기계를 로봇이라고 부를까

 로봇의 종류에는 어떤 것이 있을까요? 사람마다 구분이 다르긴 하지만 '이렇게 만들어야 로봇이다'라고 말할 수 있는 명확한 기준이 있습니다. 국제공업규격에서는 로봇을 '❶**2개 이상의 축(관절)**이 있고, ❷**주어진 환경에서 특정한 임무를 수행**하기 위해 ❸**자율적으로 작동**하는 기계'라고 정의합니다. 즉 동작이 매우 간단한 기계라고 해도 외형적 조건(2개 이상의 축)을 갖추고 소프트웨어를 설치해 자동으로 주어진 업무를 수행한다면 로봇이라고 할 수 있다는 뜻입니다.

 그렇다면 스마트폰도 로봇이라고 부를 수 있을까요? 물론

입니다. 스마트폰에는 구동장치 부품이 두 개 이상 들어 있는 경우가 많고, 자율 작동도 할 수 있기 때문이죠. 하지만 스마트폰을 로봇이라고 생각하는 사람은 거의 없습니다. 우리는 보통 로봇을 기능이나 형태에 따라 구분하는 것에 익숙하기 때문입니다.

로봇은 제작 목적에 따라 물건을 만드는 생산 활동에 쓰이는 **'산업용 로봇'** 과 우리 생활을 편리하게 만들어 주는 **'서비스 로봇'** 두 가지로 나눌 수 있습니다. 공장에서 생산 업무에 사용하는 로봇은 산업용 로봇이고, 식당에서 음식을 옮겨 주는 로봇은 서비스 로봇입니다.

일반적으로 이런 분류 체계를 따르지만 새로운 로봇이 계속 개발되면서 분류하기 어려운 경우도 생기고 있습니다. 강아지처럼 네발로 걸어 다니는 로봇이 요즘 인기입니다. 이 로봇은 공장에서 사용하기도 하고 일상생활에서 길을 안내해 주기도 합니다. 그렇다면 네발 로봇은 산업용 로봇일까요, 서비스 로봇일까요? 둘 중 하나로 대답하기 어렵습니다.

다양한 로봇이 개발됨에 따라 로봇을 제작 목적이 아닌 형

짐을 나르는 이동형 로봇

태에 따라 구분하기 시작했습니다. **자율 이동형 로봇, 작업 로봇, 보행 로봇** 세 가지로 나눌 수 있죠.

자율 이동형 로봇은 '**자율 이동체**' 혹은 '**무인 이동 로봇**' 이라고 부르기도 합니다. 두 다리로 걷거나 두 팔로 일하지 못하고 장소만 옮겨 다니는 이동 기능만 갖춘 로봇입니다. 자율 주행 자동차, 로봇 청소기, 하늘을 날아다니는 드론, 바다나 강 위를 나아가는 자율 이동 선박도 모두 **이동**을 목적으로 만들어진 자율 이동형 로봇이라고 할 수 있습니다.

고작 여기저기 장소를 옮겨 다닐 뿐인 로봇이 세상을 바꿀 수 있을까요? 자율 이동형 로봇은 농장에서 농작물을 수확하는 기계인 콤바인을 대신해 추수를 할 수 있고 트랙터 대신 밭을 갈기도 합니다. 창고에 투입하면 물류 관리를 할 수 있고, 주차장에서는 자동차를 옮겨 주차를 해 주기도 하죠. 분쟁 지역에서는 사람 대신 정찰을 나가고 정보를 모을 수 있어 군사용으로도 큰 가치가 있습니다. 사람이 가기 힘든 곳에 로봇이 갈 수 있다는 사실은 이렇게나 큰 장점으로 작용합니다.

다음으로는 '**작업 로봇**'을 짚어 보겠습니다. 주로 공장이나 산업 현장 등에서 사용하는 **산업용 로봇**이 작업 로봇입니다.

사람의 팔 모양을 하고 정밀 작업을 하는 작업 로봇

작업 로봇은 대부분 사람의 팔 기능을 흉내 내 만들어집니다. 고정되어 있는 작업대나 바닥 위에 사람의 팔처럼 움직이는 기계를 만들어 붙여 놓은 형태로 정밀 제어 방식으로 만드는 경우가 많습니다.

산업 현장에서 사용하는 작업용 로봇은 해야 할 일이 정해져 있어서 공장 안에서 같은 동작만 반복하면 됩니다. 로봇이 잘 작동할 수 있는 시설을 갖춰 놓고 사람이 밖에서 스위치를 누르면 로봇은 묵묵하게 일합니다. 로봇 기술로는 할 수 없는 일을 사람이 마무리 지으면 물건이 완성됩니다.

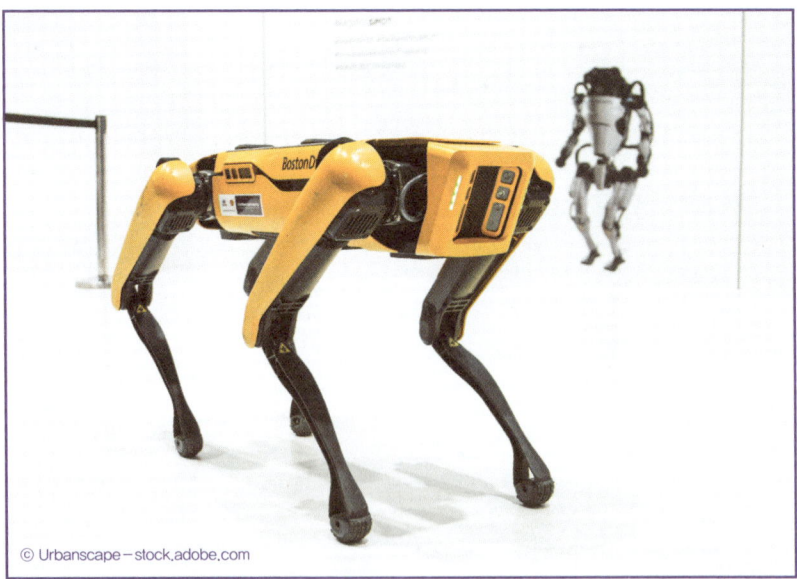

산업용 작업 로봇에 주변 환경을 판단할 수 있는 기능이 반드시 있는 것은 아닙니다. 빠르게 혹은 강력한 힘을 써서 일해야 하는 산업용 로봇이 일일이 주위를 살피며 스스로 판단하려면 작업 시간이 더 오래 걸리고 동작도 느려지기 때문입니다. 물론 예외도 있습니다. 빠른 속도로 강한 힘을 사용해 일할 수 있으면서 스스로 판단하는 자율성을 갖춘 경우도 드물게 있죠.

마지막으로 '**보행 로봇**'이 있습니다. 사람처럼 두 발로 걷거나 강아지처럼 네발로 걷는 로봇을 말합니다. 1990년대만 해도 걸을 수 있는 기계는 거의 만들 수 없었습니다. 하지만 2000년대 들어 걸을 수 있는 로봇이 하나둘씩 개발되기 시작했고, 운동 성능도 높아졌습니다. 이제는 사람이나 네발 동물 못지않게 로봇도 자연스럽게 걸을 수 있게 되었습니다.

로봇이 걸어 다닐 수 있다고 해서 살아 있는 동물처럼 주위 환경에 민첩하게 반응하는 것은 아닙니다. 그렇기 때문에 아직 섬세한 일을 맡기기에는 역부족입니다. 하지만 바퀴로 이동하지 않고 다리로 걷는 기능은 엄청난 장점입니다. 재난 상황이나 안전 점검 같은 특정한 목적에 활용하기 적합하기 때문입니다. 사고가 발생한 현장에 사람이 들어가는 대신 로봇을 보내 상황을 살피고, 간단한 복구 작업을 로봇에게 맡기면 훨씬 안전합니다. 건물이 쓰러져 가는 화재 현장에 소방관이 직접 들어가면 다칠 수도 있고, 현장에서 갑작스레 발생하는 사고 위험을 피하느라 시간이 더 오래 걸릴 수도 있습니다. 하지만 로봇이 걸어 들어가 두 손으로 현장을 정리하며 사람을 구조한다면 소방관도 다치지 않고 상황도 훨씬 빠르게 통제할 수 있습니다.

말이나 당나귀처럼 걷는 **'네발 로봇'**도 중요합니다. 네발 로봇은 두 발로 걷는 로봇보다 쉽게 험지를 이동할 수 있어 건설 현장이나 중요 시설을 빠르게 순찰할 수 있습니다. 물자를 실어 나르는 군부대의 **'짐꾼 로봇'**으로도 큰 가치가 있죠.

지금까지 이야기한 세 가지 로봇 외에도 일명 **'아이언맨 로봇'**이라고도 하는 **'웨어러블 로봇'**이 있습니다. 영화 〈아이언맨〉의 주인공이 로봇을 입고 날아다니듯, 사람이 옷처럼 착용하고 움직일 수 있는 로봇을 개발 중입니다. 로봇을 입고 인간이 가진 힘보다 강한 힘으로 민첩하게 움직일 수 있으면 특히 군사 분야나 산업 분야에서 중요한 역할을 할 것입니다.

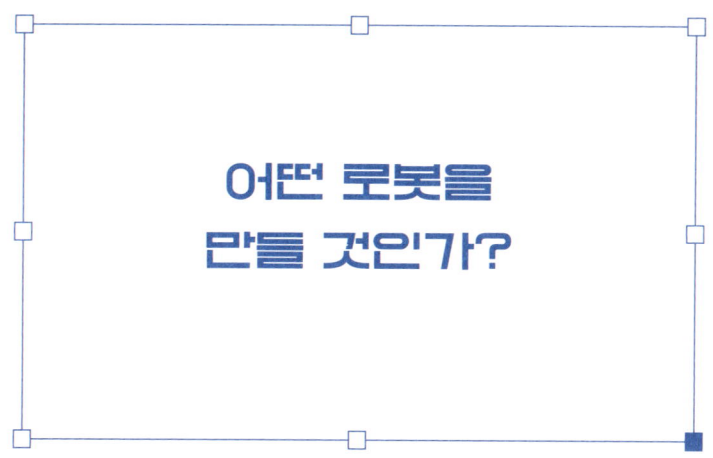

로봇은 처음 설계할 때 정해 놓은 한 가지 일만 하는 경우가 많습니다. 로봇의 종류에 따라 잘할 수 있는 일이 다르기 때문이죠. 공장에서 바쁘게 일하는 로봇 중에는 커다란 부품을 번쩍번쩍 들어서 옮기는 힘이 센 로봇이 있는가 하면, 움직임이 재빠른 로봇도 있습니다. 반도체 공장에는 전기회로를 연결하는 작업을 1초에 수십 번씩 해내는 로봇도 있답니다.

이렇게 힘이 세거나 움직임이 재빠른 로봇은 산업에 사용하는 작업 로봇입니다. 이런 로봇은 **운동성**이 뛰어나야 합니다. 사람이 정해 준 순서대로 빠르고 정확하게 움직여야 하죠. 하지만 스스로 판단할 수 있는 능력은 부족해서 생활보다는 산업 쪽에서 유용합니다.

　반대로 판단을 잘 내리는 로봇을 **자율성**이 뛰어나다고 합니다. 서비스 로봇을 이런 형태로 만듭니다. 우리가 흔히 볼 수 있는 로봇 청소기, 서빙 로봇 등이 여기에 해당합니다. 주변에 어떤 물건이 있는지, 바닥에 걸리는 것은 없는지 하나하

나 확인하고 움직여야 하니 속도도 느리고 힘도 약합니다. 로봇의 두뇌 역할을 하는 AI의 성능이 높아진다면 미래에는 지금보다 힘도 세고 속도도 빠른 서비스 로봇을 만들 수 있을 것입니다.

로봇 연구자들은 로봇의 형태나 동력 등을 정하기 전에 운동성이 뛰어난 로봇을 만들 것인지 자율성이 뛰어난 로봇을 만들 것인지를 먼저 염두에 두어야 합니다. 이 결정을 내리기 위해서는 로봇이 할 일을 정하는 것이 우선이죠.

로봇의 사용 목적을 정한 후에는 로봇이 움직일 힘을 얻는 **동력 장치**를 결정해야 합니다. 배터리를 충전해야 스마트폰을 사용할 수 있듯이 로봇도 에너지원이 필요하답니다. 보통은 **전기모터**를 많이 사용합니다. 하지만 굉장히 **강한 힘**을 내야 하는 산업용 혹은 군사용 로봇은 **유압식** 구동장치를 사용하기도 합니다.

유압식은 기름에 압력을 넣어 힘을 주는 구조입니다. 전기모터보다 강한 힘을 낼 수 있지만 만들기 매우 어렵다는 단점이 있습니다. 게다가 많은 양의 기름을 넣어야 하니 로봇의 **크기가 커지고 무거워집니다.** 액체인 기름을 압축해서 에너

유압식 로봇

지를 내는 원리이기 때문에 똑같은 힘으로 제어해도 항상 일정하게 움직인다는 보장도 없습니다. 굴착기도 유압을 사용하기 때문에 그때그때 상황을 판단할 수 있는 사람이 직접 조종하는 것이죠. 유압식 로봇은 컴퓨터로 제어하기 까다롭다는 단점이 있습니다.

그다음에는 로봇의 골격인 **'뼈대'**의 모양을 생각해야 합니다. 로봇은 골격에 따라 크게 두 종류로 나눌 수 있습니다. 가장 많이 사용하는 것은 새우나 게와 구조가 비슷한 **'갑각류형'**

로봇입니다. 딱딱한 껍데기가 바깥을 감싸고 있는 갑각류처럼 뼈대가 몸 바깥에 있는 로봇을 가리킵니다. 그래서 '**외피형**' 로봇이라고도 합니다. **전기모터**를 쓰는 로봇은 갑각류형으로 만드는 경우가 많습니다. 모터를 몸 안쪽에 넣어서 톱니바퀴나 체인 같은 것으로 로봇의 몸에 붙은 관절을 움직이는 방식입니다.

사람처럼 뼈가 몸 안쪽에 있고 근육이 몸 바깥에 있는 로봇도 있습니다. 이런 방식으로 만든 로봇을 '**포유류형**'이라고 합니다. 포유류형 로봇은 **유압식**인 경우가 많습니다. 뼈대 바

깥쪽에 유압식 구동장치를 붙여서 움직이죠. 유압식 장치와 비슷하게 움직이는 **'리니어 모터'**라는 전기모터를 사용하기도 합니다. 포유류형 로봇은 만들기 까다롭고 제어하기도 힘들어 일상에서 보기 어렵습니다. 주로 건설 현장이나 군부대에서 특수한 작업을 수행하는 로봇을 포유류 형태로 만듭니다.

사람의 곁에서 생활할 **'지능형 서비스 로봇'**은 전기모터를 사용하는 갑각류 형태가 더 적합하다고 보는 사람이 많습니다. 일상에서 특별히 강한 힘을 쓸 일이 별로 없고, 로봇을 제어하기 쉬워야 하기 때문이죠. 전기모터를 사용하면 갑각류 형태의 로봇으로 만들기가 더 쉽습니다.

로봇은 사용 목적에 따라 동력 장치와 골격이 결정됩니다. 전기모터와 유압식 구동장치, 갑각류형과 포유류형 로봇은 모두 장단점이 뚜렷합니다. 로봇의 할 일을 먼저 정한 후에 로봇의 **뼈대**와 **근육**은 어떤 모양이 좋을지, 다리나 바퀴를 만들어 움직일 수 있는 기능을 추가해야 할지 등 판단을 내리면 됩니다.

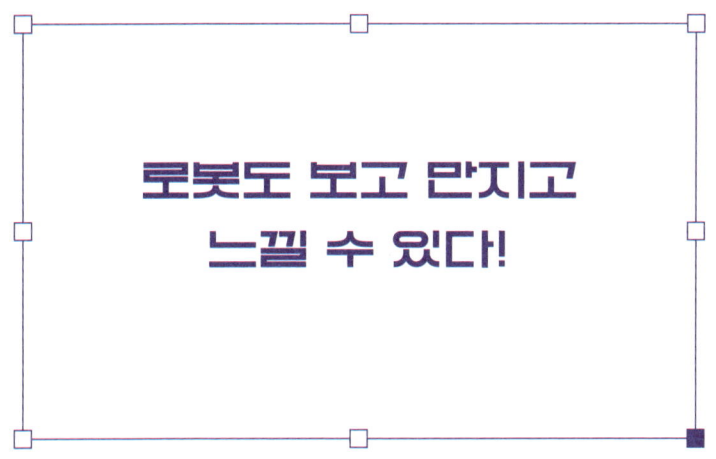

로봇도 보고 만지고
느낄 수 있다!

　로봇이 스스로 움직이면서 주변 환경을 알아보려면 곤충의 더듬이나 우리의 눈 같은 **'감각기관'**이 필요합니다. 카메라, 라이다(레이저 감지 장치), 레이다(전파 감지 장치), 초음파 센서, 적외선 센서, 인공위성 위치 확인 시스템 같은 **'센서'**가 로봇의 감각기관 역할을 합니다. 로봇의 손이나 발끝에 사람의 피부 같은 촉감을 만들어 주는 방법도 있습니다. 누르는 힘을 느낄 수 있는 압력 센서, 차갑고 뜨거운 것을 느낄 수 있는 온도 센서도 있죠.

　그런데 센서를 부착하면 로봇의 작동 속도가 조금 느려집니

로봇의 감각 기관 역할을 하는 센서

다. 주변에 무엇이 있는지, 위험한 것은 아닌지 확인하고 판단할 시간이 필요하기 때문입니다. 그렇다고 로봇의 이동성을 극대화하기 위해 센서를 없앨 수는 없습니다. 로봇이 작업을 충실히 수행했는지 확인하려면 센서가 필요합니다.

공장에서 물건을 집어 옆으로 옮기는 작업을 하는 로봇 팔을 생각해 보겠습니다. 다른 것은 몰라도 물건을 확실히 집었는지는 로봇이 스스로 확인할 수 있어야 합니다. 우리가 물건을 들어 옮길 때 손끝에 쥐는 감각으로 알 수 있듯이, 로봇의 손끝에도 압력을 감지하는 센서를 붙이면 물건을 잘 들어서 옮기고 있는지 알 수 있습니다.

이런 복잡한 과정을 거쳐 로봇을 완성하고 난 뒤에도 숙제가 남아 있습니다. 로봇을 움직일 **프로그램**이 필요합니다. 로봇이 작업을 수행할 수 있도록 프로그램을 처음부터 차근차근 개발하는 경우도 있지만, 보통은 **로봇 전용 운영 체제**를 설치한 다음 상황에 맞춰 세세한 부분을 개발합니다. 로봇 안에 있는 컴퓨터에 운영 체제를 설치하고 바퀴나 팔다리, 허리 등 로봇의 관절이 잘 움직이도록 점검하면 됩니다.

로봇을 개발하려면 수많은 단계를 거쳐야 합니다. 각 단계에서 물리학, 화학, 소재공학, 전자공학, 기계공학, 소프트웨어공학 등 다양한 분야의 지식도 필요하죠. 로봇 개발을 위해 각 분야의 전문가들이 모여 팀을 꾸리는 이유가 바로 여기에 있습니다. 로봇은 그야말로 **'현대 과학기술의 결정체'**라고 할 수 있습니다.

움직이는 로봇이 세상을 바꾼다

 미래는 로봇 세상이 될 것이라고 이야기합니다. 그렇다면 10년~20년 뒤에는 어떤 로봇이 가장 많을까요? **자율 이동형 로봇**이 가장 흔히 사용될 것입니다. 꼭 두 다리로 걷는 로봇이 아니어도 바퀴 등을 이용해 움직이는 로봇이 다양한 분야에서 활약할 것입니다.

 이제 우리는 공항에서 길을 알려 주는 **'안내 로봇'**이나 식당에서 볼 수 있는 **'서빙 로봇'**이 낯설지 않습니다. 이런 로봇들은 태블릿 PC 형태의 정보 단말기를 붙이고 돌아다닙니다. 사람이 화면을 터치해서 정보를 검색하거나 음식을 주문할 수도 있고, 음식을 나르는 일을 시킬 수도 있죠. 이처럼 복잡한 판단 없이 사람이 지시하는 대로 단순히 이동만 하는 로봇에 추가 기능을 넣으면 쓸모가 커집니다.

세계 최대 온라인 쇼핑 업체 아마존이 개발한 자율 이동 로봇 **'키바'**는 **물류 창고**에 커다란 변화를 가져왔습니다. 무거운 물건을 올릴 수 있는 선반을 장착한 키바는 2014년부터 아마존 물류 센터를 돌아다니며 주문 내역에 맞춰 해당 물품이 담긴 선반을 포장하는 장소까지 운반했습니다. 창고를 관리하는 직원은 키바를 통해 원하는 장소에 물건을 자동으로 넣고 꺼낼 수 있게 된 것이죠.

아마존이 키바를 도입한 후로 **물류용 자율 이동 로봇**은 사회 곳곳으로 퍼져 나갔습니다. 주차장 자동 관리 시스템, 공항의 수화물 운송 시스템 등 다양한 분야에서 빠르게 도입되는 중입니다. 바퀴로 이동하면서 한 가지 서비스를 하는 단순한 형태의 자율 이동 로봇은 생각보다 세상을 더 빠르게 바꾸고 있습니다.

로봇은 **농사일**도 거들 수 있습니다. 우리나라에서는 아직 생소하지만 미국처럼 대규모 농업을 하는 나라에서는 로봇이

농사일을 돕는 로봇

많은 일을 합니다. 밭을 오가며 카메라로 농작물을 살펴본 다음 호미처럼 생긴 도구를 뻗어 잡초만 골라 뽑는 로봇도 있을 정도죠.

하늘을 날아다니는 드론도 우리 생활 양식을 변화시키는 로봇 중 하나입니다. 드론에 카메라를 설치해 높은 곳에서 사진이나 영상을 찍기도 하고 물건을 배달하거나 안전 점검을 하는 데 쓰기도 합니다. 최신형 드론 중에는 진동을 감지하는 센서가 있어서 큰 다리 위에 내려앉아 안전 점검을 하는 것도 있습니다. 드론을 띄워 높은 하늘에서 대기를 관찰한 자료를 지도 제작이나 측량에 사용하기도 합니다. 실생활과 연구, 관측 등 드론은 다방면에서 활약하고 있습니다.

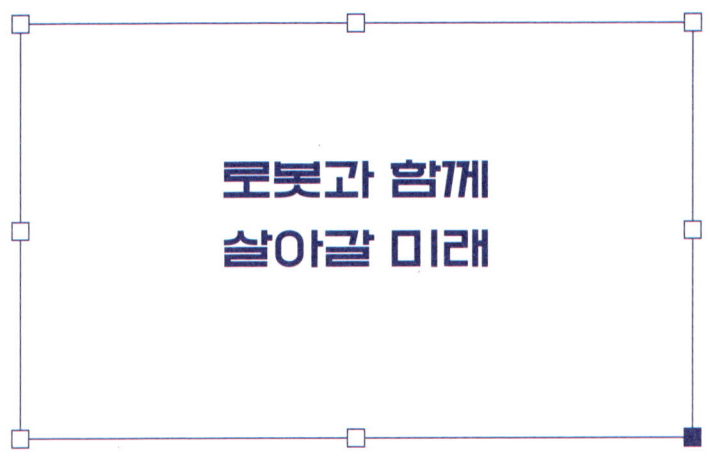

로봇과 함께
살아갈 미래

자율 이동 로봇이 할 수 있는 일이 이렇게나 많은데, 왜 우리는 그만큼 로봇을 쉽게 접할 수 없을까요? 기술은 많이 발전했지만 안전성이 아직 확보되지 않았기 때문입니다. 기능이 간단한 로봇 청소기나 서빙 로봇은 이미 생활 속에 들어와 있지만 **배달 로봇**은 쉽게 보기 어려운 것도 같은 이유입니다. 꾸준히 시도했음에도 불구하고 아직 여러 가게에서 동시에 배달 로봇을 사용할 만큼 완벽하게 작동하지 않기 때문이죠.

배달 로봇은 신호등을 보고 길을 건너고 경사길이나 울퉁불퉁한 도로를 안정적으로 달려야 하는데, 그러다가 어딘가

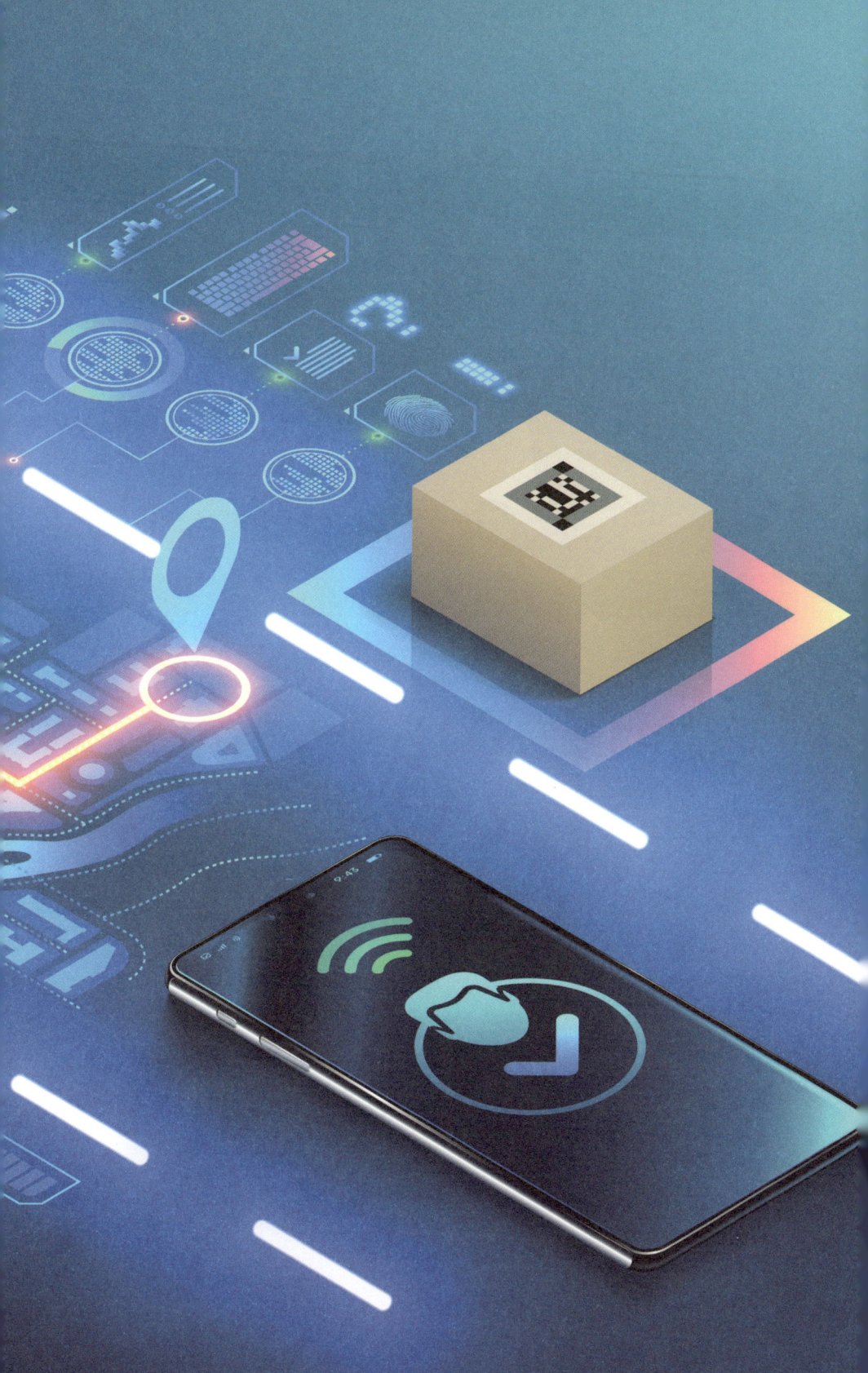

에 부딪히면 배달해야 할 중요한 물건을 망가뜨릴지도 모릅니다. **안전하게 배달**하려면 **센서**를 활용해 주변 환경을 완전히 파악하고 대처할 수 있어야 합니다. 하지만 센서가 작동하는 시간 만큼 이동 속도가 느려질 테고, 빠른 배달을 원하는 사람들에게는 큰 걸림돌이 될 것입니다.

아직은 배달 로봇 기술이 완전하지 않기 때문에 사람들은 계속 방법을 찾고 있습니다. 미국의 피자 회사인 도미노피자는 소형차 크기의 자율 주행 로봇 **'뉴로 R2'**를 배달 업무에 시험적으로 도입했습니다. 고객이 스마트폰으로 피자를 주문하면 로봇이 피자를 안에 넣고 달려옵니다. 로봇이 배달 장소에 도착하면 고객은 미리 받아 두었던 고유 번호를 입력해 문 앞에서 배달 로봇의 잠금을 해제하고 피자를 꺼내는 방식이죠. 우리나라에서도 비슷한 로봇을 개발 중입니다.

작업 로봇이나 **보행 로봇**은 얼마나 발전했을까요? 작업 로봇은 이미 일터에 투입되고 있습니다. 특히 사람과 같은 공간에서 일하는 **협동 로봇**을 많이 쓰고 있습니다. 로봇이 일하는 공간에는 사람이 들어가지 못하는 경우가 많지만, 반대로 사람이 일하는 작업장에 로봇을 투입해 도움을 받는 것은 가능합니다. 환경에 따라 자신의 움직임을 바꿀 수 있는 로봇, 즉 스스로 판단하고 움직일 수 있는 로봇은 사람과 함께 일할 수 있습니다.

협동 로봇은 대체로 몸체에 로봇 팔이 하나 혹은 두 개 정도가 붙어 있는 형태입니다. 화상 센서(카메라)는 물론 초음파 센서, 힘 센서 등을 고루 장착하고 있어 사람이 손으로 해야 했던 세밀한 작업도 로봇이 작은 집게나 손을 써서 처리할 수 있습니다. 주변 상황을 인식하고 사람과 정보를 주고받기도 합니다. 작업 순서에 따라 **사람을 보조**할 수도 있고, 음성 인식 기술을 이용하기도 합니다. 사람이 말로 명령을 내리면 그 내용을 이해하고 작업을 수행하는 것이 가능하다는 뜻입니다. 공장의 자동화를 넘어서 **공장의 지능화**가 이뤄지고 있습니다.

협동 로봇이 할 수 있는 일은 매우 다양합니다. 정밀한 집게 혹은 사람의 손과 비슷한 구조를 갖추고 있어 기계를 직접 조작할 수 있습니다. 작은 부품을 조립하거나 영상 해석 기술을

협동 로봇과 사람이 함께 작업하는 모습

이용해 여러 개의 부품 중 원하는 것만 골라내 분류할 수도 있습니다. 판단 능력에 한계가 있으니 사람만큼 일을 잘하지는 못합니다. 하지만 사람이 직접 해야 하는 일을 보조할 수 있다는 것은 큰 발전입니다.

보행 로봇을 적재적소에 투입하려면 더 많은 시간이 필요합니다. 지금의 AI 기술 발전 속도를 볼 때 보행 로봇이 가사를 대신하기까지는 오랜 시간이 걸릴 것으로 예상됩니다. 현재 **재난 대응** 분야에서 보행 로봇을 주목하고 있습니다. 사람 대신 재난 현장에 투입해 복구 작업을 하려면 사람처럼 생긴 로봇이 가장 적합합니다. 그래서 많은 과학기술자들이 두 팔과 두 다리가 있는 **인간형 로봇** 연구에 매진하고 있습니다.

네발 로봇은 또 다른 곳에서 활용되고 있습니다. 험지를 다니기에 유리한 네발 로봇은 **짐을 싣고 어디든** 갈 수 있습니다. 덕분에 **짐꾼**으로서 역할을 톡톡히 해내고 있죠. 등반, 탐험 등 극한 상황에서 가장 든든한 파트너이기도 합니다. 덕분에 무거운 포탄이나 무기를 싣고도 여러 지형을 이동할 수 있는 군사용 로봇으로 인정받고 있습니다. 산업 분야에서도 네발 로봇은 이미 가치를 검증받았습니다. 실제로 건설 현장,

인간형 로봇(위)과 입고 걸어 다닐 수 있는 하체 보조용 웨어러블 로봇(아래)

가스나 석유 및 전력 설비, 공공 안전시설 등에서 현장을 살펴보거나 원격 검사를 하는 데 로봇을 투입하고 있습니다.

　가까운 미래에는 **웨어러블 로봇**도 등장할 것입니다. 하늘을 날 수 있거나 힘센 '아이언맨' 같은 로봇은 아직 상상 속에만 있습니다. 하지만 입으면 보통 사람보다 강한 힘을 낼 수 있는 로봇, 공장이나 채굴 현장에서 사용하는 작업용 로봇은 개발 중입니다. 머지않은 미래에는 웨어러블 로봇을 입고 힘든 일을 척척 해낼 것입니다. 장애인이나 부상자의 신체 활동도 지금보다 자유로워질 것입니다.

생각해 보기

로봇과 AI 편

세상에는 다양한 종류의 로봇이 있습니다.

주로 공장에서 정해진 일을 정해진 순서대로 반복하는 '산업용 로봇', 공항에 있는 안내 로봇과 식당에서 음식을 나르는 '서비스 로봇', 자율 주행 자동차, 로봇 청소기, 드론과 같은 '자율 이동 로봇', 사람처럼 두 발로 걷거나 강아지처럼 네발로 걷는 '보행 로봇', 영화 〈아이언맨〉의 주인공처럼 사람이 옷처럼 착용하는 '웨어러블 로봇'까지 무수한 로봇이 발명되었습니다.

앞으로 기술이 발전하면 더욱 새롭고 신기한 로봇들이 탄생할 것입니다. 아직 세상에 없는 로봇을 만들 수 있는 능력이 생긴다면 여러분은 어떤 로봇을 만들고 싶은가요? 여러분이 꿈꾸는 로봇을 함께 이야기해 보세요.

4

4차 산업혁명의 주인공은 AI와 로봇

LOADING . . .

　몇 년 전 자동차 기술 관련 전시회에서 놀라운 광경을 목격했습니다. 한 회사가 새로 개발한 내비게이션을 선보였는데, 놀랍게도 자동차 앞 유리창이 전부 **투명 디스플레이**였습니다. 평소에는 유리창처럼 투명하지만 필요할 때면 그 위에 그림이나 글씨를 보여 주는 **모니터** 같은 창이었죠. 운전을 시작하면 운전자의 눈앞에 있는 창에 도로가 나타나고 그 위에 화살표를 그려 가야 할 방향을 보여 줍니다. **고성능 AI**가 도로 상황에 따라 **최적의 운전 경로**를 **판단**해서 알려 주는 원리입니다. 운전을 시작함과 동시에 눈

앞에서 길을 알려 주니 운전이 훨씬 쉬워 보였습니다.

아쉽게도 이런 고성능 내비게이션은 아직 판매되지 않고 있습니다. 자동차 앞 유리를 전부 투명 디스플레이로 바꾸려면 비용이 너무 많이 들기 때문이죠. 대신 차체 밑에서 빛을 쏘아서 방향을 알려 주는 내비게이션이 장착된 자동차는 있습니다. 하지만 투명디스플레이 방식에 비해

서는 성능이 부족하지요. 기술이 날로 발전하면서 상상만 하던 일들이 현실로 다가오고 있습니다.

　AI가 아무리 똑똑해지고 최첨단 투명 디스플레이를 활용한다고 해도 결국 **자동차를 움직이는 것은 사람**입니다. AI는 컴퓨터 장치를 통해 계산하고 판단한 결과를 내놓을 수는 있지만, 컴퓨터 속에서 정보를 처리하고 있으니 자동차를 직접 운전할 방법이 없습니다. 디스플레이 장치를 통해 운전하는 사람에게 정보를 알려 줄 뿐이죠. 그렇다면 AI가 사람에게 정보를 알려 주는 것에 그치지 않고 **스스로 일하도록 만드는 방법**은 없을까요?

AI의 지시를 받아 사람 대신 일을 하는 존재, **로봇**을 활

용하면 됩니다. 만약 내비게이션이 보내는 도로 정보를 사람이 아닌 **로봇 자동차**, 즉 자율 주행 자동차가 즉시 확인할 수 있다면 어떨까요? 우리의 머리 역할을 하며 정보를 수집하고 판단을 내리는 **AI**와 우리의 몸 대신 움직이고 일할 수 있는 **로봇**이 **동시에 작동**하는 자동차가 있다면 사람들은 직접 운전하지 않아도 될 것입니다.

이제 세상은 **4차 산업혁명 시대**에 들어섰습니다. 새로운 기술이 발명되어 사회를 뒤흔들어 놓는 변화가 일어날 때 우리는 '혁명'이라는 말을 씁니다. 4차 산업혁명의 핵심은 **AI와 로봇의 발전**입니다. AI와 로봇 기술이 발전하며 우리 삶도 크게 변화할 것이라는 뜻이죠. 지금부터 AI와 로봇이 바꿀 미래를 들여다보겠습니다.

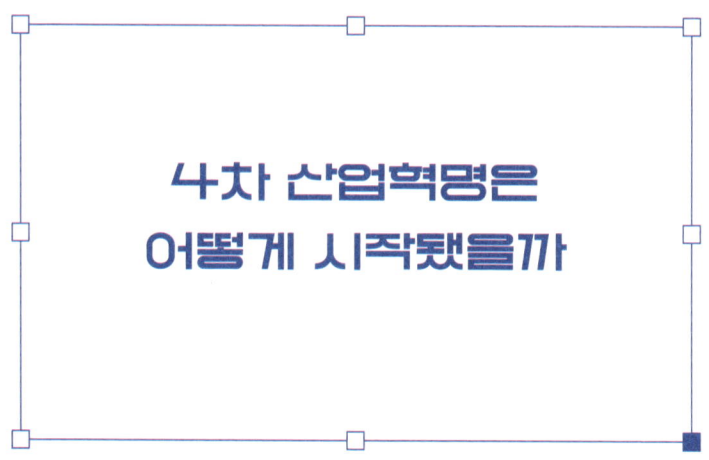

4차 산업혁명은 어떻게 시작됐을까

뉴스나 방송에 **'4차 산업혁명'**이라는 말이 심심찮게 등장합니다. 산업혁명은 뭘까요? 그리고 도대체 언제 4차까지 온 걸까요?

최초의 산업혁명은 1700년대 말, 18세기 후반에 시작되었습니다. 세상에 **증기 기관**이라는 것이 나타나면서 인간은 **움직이는 힘**을 손에 넣게 되었습니다. 증기 기관은 수증기의 힘을 열로 바꿔 물체를 움직이는 힘을 만드는 원리입니다. 덕분에 걷거나 말을 타고 가야만 했던 먼 거리를 기차에 앉아 있기만 해도 이동할 수 있게 되었습니다. 사람이 하던 일을 **기**

증기 기관 발명으로 시작된 산업혁명

계로 대체한 것입니다. 증기 기관으로 방적기와 직조기 같은 기계를 발명해 공장에서는 다양한 물건을 더 빠르게, 더 많이 생산할 수 있게 되었습니다. 농업 사회에서 공업 사회로 접어드는, 산업의 구조 자체가 바뀌는 '혁명'이 일어난 것입니다. 이렇게 증기 기관을 중심으로 촉발된 산업혁명을 **'1차 산업혁명'**이라고 부릅니다.

19세기 말에서 20세기 초 사이 일어난 **2차 산업혁명**의 핵심은 **전기**입니다. 전기가 없는 세상을 생각해 본 적 있나요? 핸드폰을 충전할 수도 없고 해가 지면 건물과 집도 전부 깜

깜해질 것입니다. 신호등 불도 들어오지 않고 주유소에서 기름도 넣을 수 없으니 자동차를 쓸 수 없게 되겠죠. 지금 우리가 사는 세상은 전기로 움직인다고 해도 과언이 아닙니다. 전기를 사용할 수 있게 되면서 영화, 라디오가 발명되었고 이에 따른 문화 산업도 발전했습니다. 전기가 도입되면서 또다시 산업 구조가 대대적으로 바뀐 것입니다. 그리고 지금까지도 우리는 그 영향 아래에 있습니다.

3차 산업혁명은 20세기 말부터 21세기 초에 걸쳐 이루어진 **정보화 혁명**입니다. 컴퓨터와 인터넷이 등장하면서 세상은 급속도로 변화했습니다. 인터넷이 발전하면서 정보를 공유하는 일이 쉬워졌습니다. 누구나 자신이 가진 정보를 인터넷에 올릴 수 있고, 필요한 정보는 검색으로 쉽게 얻을 수 있습니다. 정보의 생산과 유통이 활발해진 것입니다. 디지털 기술의 등장으로 새로운 사업 분야도 생겨났습니다. 전자 상거래나 인터넷 서비스, 소셜 미디어, 스마트폰 앱 등 이전에는 없던 서비스가 탄생했죠.

그렇다면 **4차 산업혁명**은 언제부터 시작된 걸까요? 공식적으로는 2016년 **세계경제포럼**에서 클라우스 슈바프 회장

> ▪ **세계경제포럼**
> World Economic Forum, WEF
>
> 매년 전 세계의 기업인, 경제학자, 언론인, 정치인 등이 세계 경제에 대해 토론하고 연구하는 모임입니다. 세계를 더 나은 방향으로 이끌기 위해 모이는 만큼 국제적으로 가장 중요한 회의 중 하나로 꼽힌답니다. 스위스 다보스에서 열리기 때문에 **다보스 포럼**이라고 부르기도 합니다.

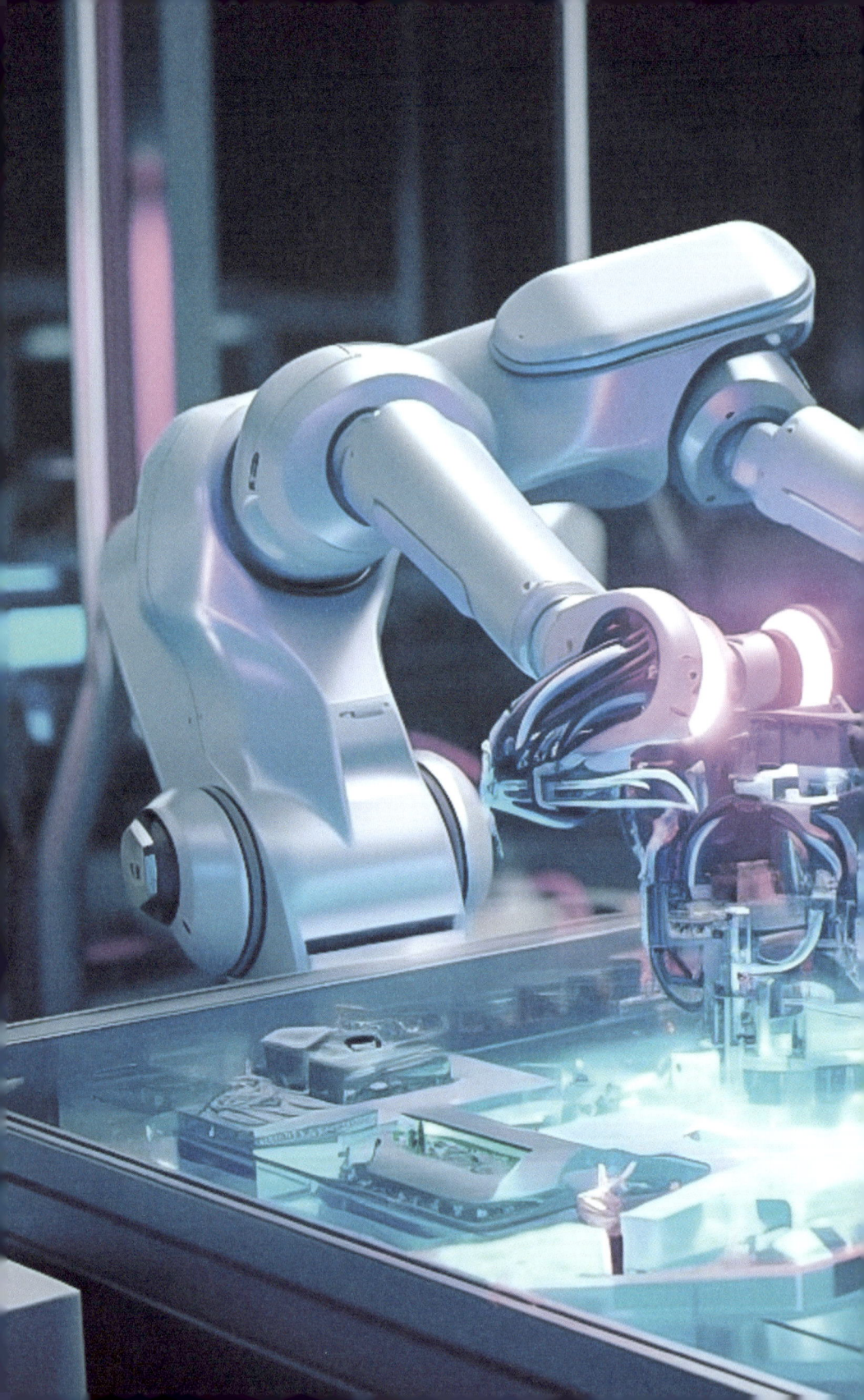

이 연설 도중 '4차 산업혁명'이라는 말을 처음 사용했습니다. 당시에는 미래 사회를 바꾸는 흐름이 있다는 확신은 있었지만, 4차 산업혁명을 이끌어 갈 새로운 기술이 무엇인지는 정확하게 짚어 내지 못했습니다. 하지만 이제는 4차 산업혁명의 주인공이 분명해졌습니다. **AI와 로봇 기술**입니다.

앞선 세 차례의 산업혁명 이후 사람들은 육체노동이 필요한 곳에 기계장치를 적극적으로 이용하기 시작했습니다. 덕분에 **정신노동**에 더욱 집중할 수 있게 되었죠. 하지만 업무의 세세한 부분까지 관리하는 것은 온전히 사람의 몫입니다. 공장에서 기계로 상품을 생산할 때 사람이 명령을 입력하고 기계 작동을 관리하는 것처럼 말입니다.

4차 산업혁명 이후에는 이마저도 자동화할 것으로 예상됩니다. 이를테면 자동차 운전과 주차, 물류 창고 관리, 연구 및 의료 활동 보조 등 사람이 해야만 했던 일들을 AI와 로봇에 맡긴다는 뜻입니다. AI로 기계장치를 통제할 수 있기 때문에 AI만큼이나 로봇 기술의 중요성도 높아지고 있답니다.

대표적인 사례를 하나 볼까요. 병원에는 입원한 환자들에게 약을 전해 줄 사람이 필요합니다. 약을 관리하는 약제과에서

약사나 간호사 같은 전문가가 필요한 약물을 찾아 줍니다. 독성이나 마약 성분이 있는 약도 있고, 수백만 원이 넘는 비싼 약품도 있어서 대체로 사람이 직접 꼼꼼하고 신중하게 확인하여 환자에게 전달합니다. 그런데 우리나라의 한 병원이 이 업무를 로봇에게 맡겨 화제가 되었습니다.

이 로봇은 AI를 통해 약제과에서 보내는 약이 몇 층에 있는 어느 병동으로 가야 하는지 정확히 인지하고 움직입니다. 게다가 전용 통신 기능을 이용해 건물 어디든 엘리베이터로 자

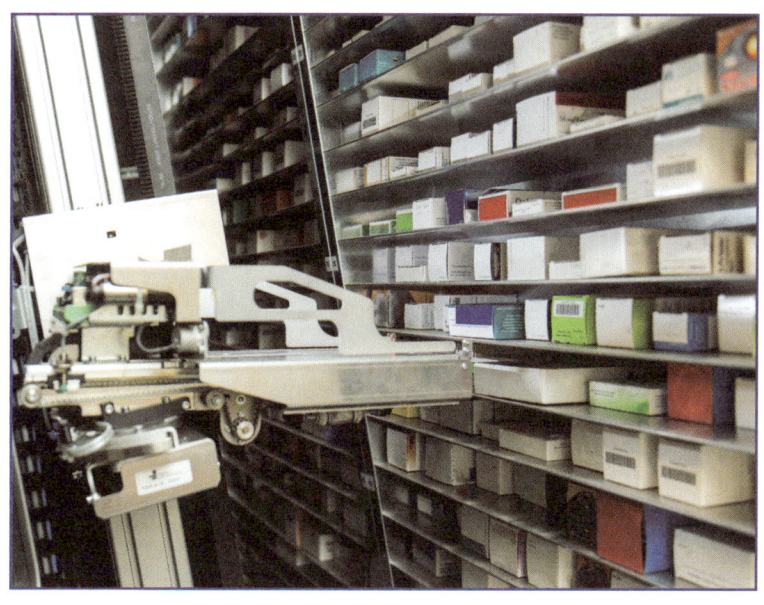

유롭게 이동할 수 있죠. AI 기술을 적용해 만들었기 때문에 해야 하는 일을 지시받은 후에는 스스로 판단하며 움직입니다.

만약 모든 병원에 약제 로봇이 도입되면 어떻게 될까요? 병원의 풍경은 지금과 크게 달라질 것입니다. 약제 배달 업무뿐만 아니라 지금까지 사람이 해야만 했던 여러 가지 일도 로봇이 담당하지 않을까요? 앞으로 로봇이 할 수 있는 일은 무궁무진해질 것입니다.

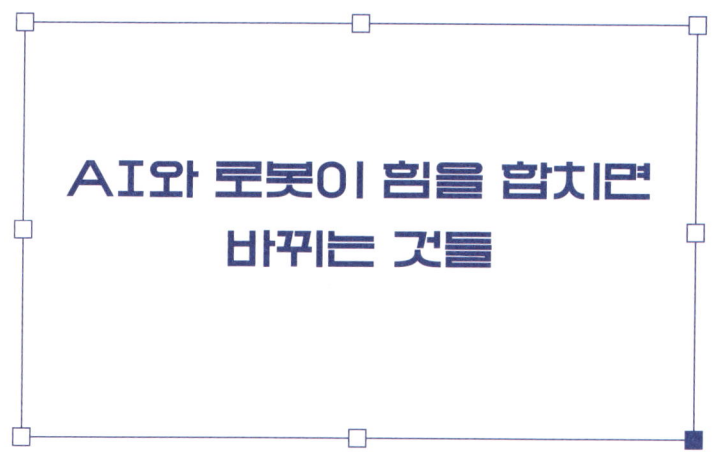

AI와 로봇이 힘을 합치면 바뀌는 것들

이렇게 일이나 생활에 4차 산업혁명 기술을 도입해서 큰 변화가 생기는 것을 '**디지털 혁신**(digital transformation)'이라고 합니다. 줄여서 '**DT**'라고 쓰기도 하고, 외국에서는 'transformation'이라는 단어를 알파벳 'X'로 바꾸어 읽는 경우가 많아서 '**DX**'라고 부르기도 합니다.

4차 산업혁명이 곧 디지털 혁신이라고 오해하는 사람들이 많은데, 4차 산업혁명 전에도 디지털 기술을 이용해 혁신을 추구하는 일은 종종 있었습니다. 최근 AI와 로봇 기술이 보편화되면서 이런 경향이 더욱 두드러져 모든 산업 혁신이 4차 산업혁명과 연결되고 있습니다.

AI 기술이 발전하면 세상이 크게 바뀔 것이라는 이야기는 오래전부터 있었습니다. 하지만 AI만으로는 부족합니다. 물건을 들어 올리고 옮기고 먼 곳까지 이동할 수 있는 기계인 **로봇**이 없다면 AI는 현실 세계에서 힘을 펼칠 수 없습니다. AI와 로봇 각각의 기술도 중요하지만, 이 두 가지가 하나로 합쳐져 시너지 효과를 낳는다는 사실에 주목해야 합니다. 우리는 이런 흐름을 '4차 산업혁명'이라고 부릅니다. 그리고 4차 산업혁명의 새로운 기술을 사무실이나 공장 등 산업체에서 적극적으로 활용해 혁신이 일어나는 것을 디지털 혁신이라고 표현하죠.

4차 산업혁명은 낯선 일이 아닙니다. 기술이 발전하며 세상이 변화하는 자연스러운 과정이죠. 디지털 기술의 발전과 정보 통신 기술의 융합, AI 개발, 자동화 등 다양한 혁신 기술들이 결합해 생긴 변화입니다. 산업 구조가 바뀌면 생활 방식과 돈의 흐름, 사회가 변하고 새로운 문화도 생겨납니다.

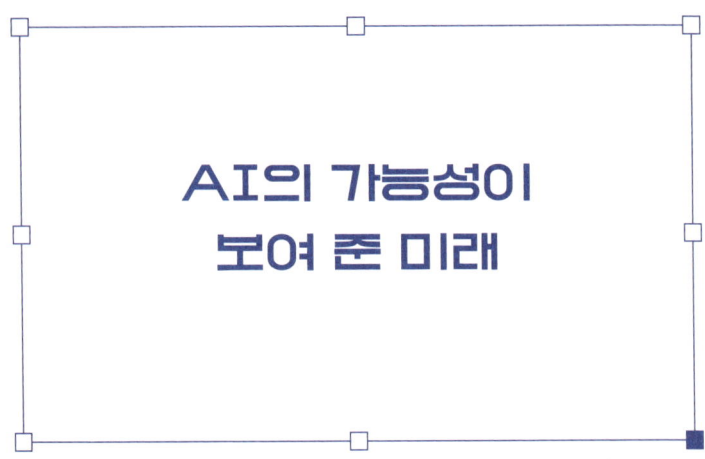
AI의 가능성이
보여 준 미래

 2016년 당시 세계 바둑 랭킹 1위였던 우리나라의 바둑기사 이세돌 9단과 바둑 AI 프로그램 알파고의 대결이 뉴스에 오르내렸습니다. 바둑은 창의적인 수를 둬야 하는 게임이기에 AI가 아무리 발전해도 인간을 이기지 못할 거라고 생각했습니다. 하지만 AI의 성능이 크게 발전해 인간을 이기지 않을까 하는 호기심과 두려움도 뒤섞여 있었죠. 4단계에 걸쳐 기술을 발전시킨 알파고는 세계 정상급 바둑기사들을 차례로 이겼습니다.
 알파고의 연이은 승리는 인간에게 위기감을 불러일으켰습

니다. AI가 고도의 지적 게임에서 승리했다는 것은 결국 게임의 판세를 **분석하는 능력**이 인간보다 뛰어나다는 뜻이기 때문입니다. 알파고와 인간의 대결로 변수가 많은 상황에서도 AI가 민첩하게 최적의 판단을 내릴 능력이 있다는 것이 증명되었습니다. AI는 이제 소리와 글자, 영상도 분석할 수 있습니다. 알파고의 등장으로 **분석 AI** 시대가 열린 것입니다.

알파고에서 AI의 가능성을 본 사람들은 AI 연구에 관심을 쏟기 시작했습니다. 과학기술 분야 연구자와 많은 돈을 투자할 수 있는 기업들이 AI 분야에 적극적으로 발을 들이면서 AI 기술은 급속도로 개발되었습니다. 4차 산업혁명과 AI, 로봇 기술의 발전으로 전 세계의 산업 흐름이 바뀐 것입니다.

2022년에는 **생성형 AI**를 상징하는 **챗GPT**가 큰 주목을 받

으며 세상은 다시 한번 변화의 계기를 맞이했습니다. 챗GPT는 사람이 말을 걸면 거기에 알맞은 답변을 만들어 내는 대화형 AI 서비스입니다. 채팅에 적힌 정보를 바탕으로 문장을 생성하는 기능을 갖추고 있죠. 챗GPT 이전에도 그림을 그리거나 음악을 작곡하는 생성형 AI 프로그램이 개발되어 쓰이고 있었습니다. 그럼에도 챗GPT가 혁명이라고 불리는 이유는 **생성형 AI의 대중화**를 이끌어 냈기 때문입니다.

챗GPT 이전의 생성형 AI는 사용 방법이 복잡했습니다. 반면 챗GPT는 자연어 대화를 위해 설계된 '대형 언어 모델'이기 때문에 누구나 쉽게 사용할 수 있습니다. 평소에 쓰는 언어로 질문하면 답을 얻을 수 있죠. 간혹 오류가 발견되기도 하지만 규칙만 제대로 정해 두면 적절한 답을 들을 수 있습니다.

지금은 여러 산업 분야에서 챗GPT를 활용할 방법을 찾는 중입니다. 은행 업무 안내나 예약 안내 등 비슷한 유형의 문의 사항이 많이 쏟아지는 곳에서는 챗GPT 프로그램을 학습시켜 사람 대신 응답하게 만들 수 있습니다.

챗GPT의 대중화는 생성형 AI의 새로운 가능성을 보여 주었습니다. AI 프로그램으로 언어를 생성한다는 것은 컴퓨터

언어를 생성할 수 있다는 뜻이기도 합니다. 즉 **컴퓨터 코딩**도 잘할 수 있다는 것이죠. 명확한 요구 사항을 입력하고 컴퓨터 코드를 짜 달라고 말하면 챗GPT는 완벽한 소스를 제안합니다. 컴퓨터 프로그래머들에게 대단히 유용한 기능이죠. 생각하기에 따라 우리는 생성형 AI 프로그램을 활용해 수많은 기능을 만들어 낼 수 있습니다. AI가 우리 생활을 직접적으로 바꾼다는 말이 피부에 와닿는 현실이 된 것입니다.

챗GPT 이후 생성형 AI에 대한 관심이 크게 높아졌습니다. AI로 글을 쓰고, 그림을 그리고, 작곡하고, 심지어는 영화를 만드는 것까지 가능한 세상입니다. 어느새 창작마저도 인간의 고유 영역이 아닌 시대가 왔습니다.

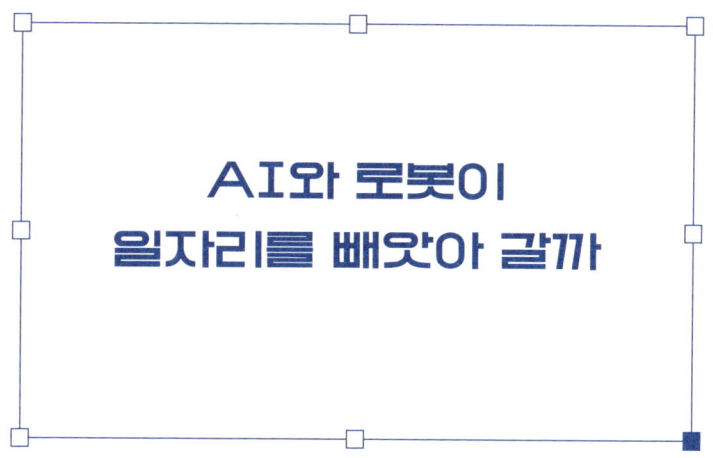

AI와 로봇이
일자리를 빼앗아 갈까

　AI 기능을 갖춘 로봇이 할 수 있는 일이 계속해서 늘어나면 사람은 무슨 일을 할 수 있을까요? AI의 발전으로 **일자리가 많이 사라질 것이라고 걱정**하는 목소리도 많습니다. 이런 이유로 AI와 로봇의 발전을 막아야 한다고 주장하는 학자들과 과학기술 분야의 전문가들도 있습니다. AI와 로봇 기술이 합쳐지면 사람의 노동력을 충분히 대체할 수 있다고 생각하기 때문이죠.

　신기술의 등장으로 인간의 일자리가 위협받는 것이 처음은 아닙니다. 1차 산업혁명이 일어났던 19세기 초반에는 기계가 노동자들의 일자리를 뺏어 가난하게 만든다는 생각에 기계를 파괴하는 사회운동인 **'러다이트운동'**이 일어났습니다. 하지만 기계의 발전으로 생산량이 늘어나면서 산업의 크기가 커졌고, 그만큼 일자리도 많이 생겨났습니다. 자동차가 대량으로 생산되면서 인력거와 마부의 일자리가 줄어든 대신 운전기사, 차량 정비공 등 새로운 직업이 등장한 것이죠.

3차 산업혁명 시대에도 비슷한 일이 있었습니다. 당시에는 공장처럼 제한된 공간에서만 일하는 산업용 로봇이 만들어졌

러다이트운동을 묘사한 그림

습니다. 이 고성능 로봇이 등장했을 때도 공장에서 일하던 사람들은 일자리를 잃을까 봐 걱정이 많았습니다. 하지만 섬세한 작업은 기계나 로봇이 할 수 없었기 때문에 사람이 해야 하는 일들도 여전히 남아 있었죠. 직업의 종류는 바뀌었지만 사회 전체의 일자리는 줄어들지 않은 셈입니다.

하지만 4차 산업혁명은 3차 산업혁명 때와 다릅니다. 사람이 했어야 했던 일도 로봇이 할 수 있게 되었기 때문입니다. 최근 출시된 자동차에는 대부분 내비게이션 시스템이 설치되어 있습니다. 차량의 현재 위치와 목적지의 위치, 운전해서 찾아갈 길을 안내하고, 길이 막히는지 공사 중인지 등 실시간 도로 상황도 반영하여 대응할 수 있도록 여러 방안을 제시합니다. 대단히 유용한 기능이라 예전에는 오랜 경력으로 골목길을 꿰고 있어 지도를 보지 않아도 지름길을 잘 찾던 택시 운전기사까지도 내비게이션을 애용합니다. 내비게이션이 보편화되면서 경력에 따른 실력 차이가 줄어든 셈이죠. 그럼에도 내비게이션은 운전에 필요한 정보를 제공할 뿐 직접 자동차를 운전하는 것은 여전히 사람입니다. AI가 발전해도 운전기사라는 직업이 계속 유지되는 이유였습니다.

그러나 이제는 내비게이션에 AI와 로봇 기술이 더해지면서 사람이 운전하지 않아도 되는 **자율 주행 자동차**가 주목받고 있습니다. 앞으로는 직접 운전하지 않아도 자동차가 스스로 길을 찾고, 도로 위의 사고나 돌발 상황을 감지해서 자동차를 운행할 수 있을 것이라고 합니다. 자율 주행 자동차가 일반화되면 운전기사의 일자리는 자연스레 사라질 것입니다. 더 나아가 먼 미래에는 운전면허가 필요 없을지도 모릅니다. 운전

면허까지 사라진다면 지금의 제도를 유지하기 위한 인력도 엄청나게 줄어들겠죠.

 자동차 시장을 조금 더 살펴볼까요? 셀프 주유소가 많이 생기면서 주유소에서 일하는 사람이 크게 줄었습니다. 주유소를 관리하는 사람도 예전만큼 필요하지 않습니다. 세차도 마찬가지입니다. 지금은 기계 세차와 손 세차 두 가지 방식이 모두 있습니다. 하지만 로봇 기술이 발전해 세차 방식이 로봇으로 자동화되면 사람이 손으로 세차해 주는 세차장은 지금보다 훨씬 줄어들 것입니다. 기계 세차와 손 세차의 품질이 비숫해질 것이기 때문이죠. 자동차 정비도 로봇의 도움을 받게 될 것입니다. 여러 사람이 하던 일을 혼자서 할 수 있게 되고, 한 사람이 하루에 정비할 수 있는 자동차의 수도 훨씬 많아질 것입니다. 자동차 산업 전체가 **AI와 로봇을 중심으로** 새롭게 짜일 것입니다.

로봇으로 대체할 수 있는 업무가 이렇게 늘어나면 사람들은 직업을 잃게 될까요? 너무 큰 걱정은 하지 않아도 됩니다. 기술과 서비스가 발전할 때마다 인간은 이전보다 더 편리하고 새로운 서비스를 찾기 마련이니까요. 컴퓨터가 없던 시절에 프로그래머라는 직업을 상상하지 못했듯이 기술이 발전하면 이전에는 없던 분야가 생겨나고 새로운 일자리도 늘어날 것입니다. 또 사람이 하던 일을 로봇이나 AI로 대체하기 위해 오히려 더 많은 인력이 필요할 수도 있습니다. 로봇을 만들고 작동시키고 고칠 사람이 필요할 테니 말입니다.

2015년 미국에서는 방사능이 유출된 재난 현장에 로봇이 걸어 들어가 공장의 냉각수 밸브를 잠그고 탈출하는 기술을 겨루는 '재난 로봇 경진대회'가 열렸습니다. 주최 측은 대회에 너무 많은 인원이 몰려드는 일을 막기 위해 참가 팀당 인원수를 최대 40명으로 제한했습니다. 이 말은 로봇 한 대가 구조 대원 한 사람 몫을 하도록 만들기 위해 동원된 엔지니어가 40명 이상이라는 뜻입니다. 방사능이 가득해 위험한 현장에 사람 대신 로봇을 투입할 수 있게 되었지만 로봇 운영에 필요한 인력은 오히려 늘어난 셈이죠. 미래에 AI와 로봇 기술이 더욱 발전한다면 운영에 필요한 사람은 줄어들겠지만, 고성능 로봇 한 대를 운영하려면 적어도 전문 인력 서너 명은 있어야 합니다. 로봇이 사람의 일을 대신하더라도 관리·유지·보수 등을 위한 필수 인력은 남을 것입니다.

AI가 대체할 직종이 무엇인지에 관해서는 의견이 분분합니다. 서빙 로봇이 일상에 쓰이고 있으니 궂은일을 해 주던 서비스 관련 업무들이 대부분 AI와 로봇으로 대체될 것이라는 의견이 있습니다. 간단한 교육을 받고 일을 시작할 수 있는 직업은 대부분 AI와 로봇으로 대체될 가능성이 높다는 것이죠. 또 한편으로는 의사나 회계사 등 전문 지식을 학습하고 사례를 분석하는 업무가 AI에 의해 대체될 것이라는 전망도 있습니다. 한 가지 분명한 것은 AI와 로봇 **시스템을 만들고 유지**하는 일이나 **시스템으로 대체하기 어려운 일자리**는 오히려 늘어날 것이라는 점입니다.

  앞으로 생활 속에서 AI와 로봇의 가치는 점점 더 커질 것입니다. 공장용, 산업용 로봇뿐 아니라 일상에서 사람과 함께 움직이는 **AI 서비스 로봇**의 세상이 다가오고 있습니다. 이미 의료용 수술 보조 로봇, 간병 로봇, 서빙용 로봇 같은 첨단 서

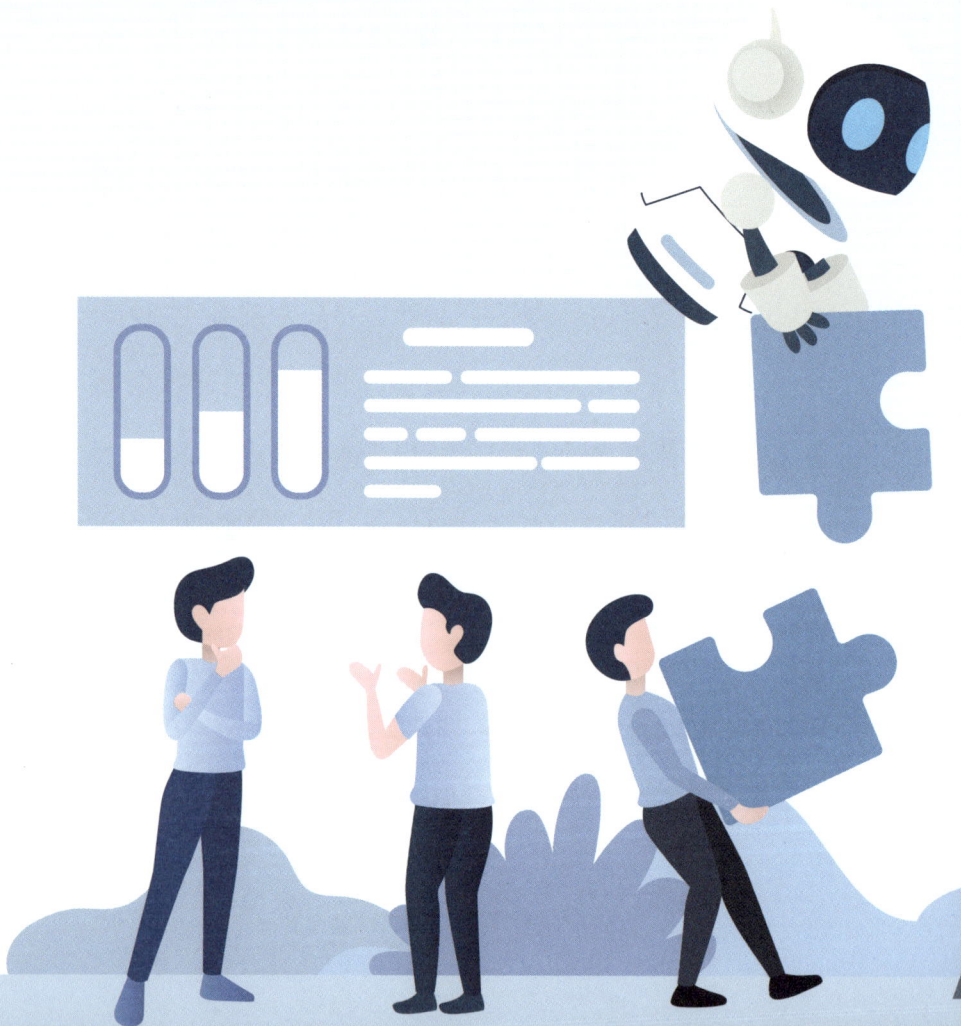

비스 로봇이 등장했습니다. 앞으로 이런 로봇을 대량 생산할 수 있게 되고 시스템이 안정되면 로봇의 가격도 점차 낮아져 대중화될 것입니다. 로봇과 인간이 함께하는 세상을 준비할 때가 왔습니다.

생각해 보기

산 업 혁 명 편

산업혁명은 18세기부터 시작된 기술의 발전과 사회구조의 변화를 의미합니다.

	1차 산업혁명	2차 산업혁명	3차 산업혁명	4차 산업혁명
시기	18세기 후반	19세기 말~ 20세기 초	20세기 말~ 21세기 초	2016년~현재
핵심 산업	증기 기관, 방적기	전기, 모터, 석유	컴퓨터, 반도체	AI, 로봇
변화	• 가내 수공업에서 공장 생산으로 • 농촌에서 도시로 • 농업에서 상업으로	• 전구, 모터, 자동차, TV, 라디오, 비행기 발명 • 대량생산 • 인쇄기 발달과 지식의 보급	• 컴퓨터, 인공위성, 인터넷 발명 • 산업의 자동화	• 새로운 기술의 탄생 • 로봇 공학, 나노 기술, 3D 프린터, AI, IoT, 자율 주행 자동차

네 번의 산업혁명을 거치며 세상은 완전히 다른 모습으로 변했습니다. 이제 우리는 컴퓨터와 인터넷, 자동차, TV, 스마트폰이 없는 세상을 상상할 수 없습니다.

그렇다면 5차 산업혁명에서는 어떤 변화가 일어날까요? 여러분이 상상하는 5차 산업혁명에 대해 이야기해 보세요.

5

AI와 로봇 세상에서 맞이할 미래 직업

LOADING . . .

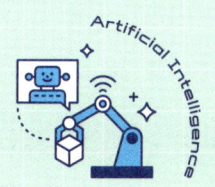

로봇과 AI가 함께하는 세상에서는 어떤 직업이 주목받을까요? 컴퓨터나 기계를 잘 다뤄야 할 것 같아 불안한가요? 컴퓨터공학이나 전자공학, 기계공학을 공부해서 이공계 지식을 쌓는 것이 중요하다고 생각할 수도 있겠습니다. 하지만 AI와 로봇 기술이 우리 일상으로 들어온다고 해서 꼭 이와 관련된 직업을 가져야만 하는 것은 아닙니다.

자동차를 둘러싼 다양한 직업을 살펴보겠습니다. 자동차를 조립하는 생산 공장 직원, 자동차의 외형을 만드는 디자이너, 자동차를 수리하는 정비공, 자동차에 들어가는 부품을 개발하는 사람, 자율 주행 자동차 시스템을 연구하는 사람 등 자동차라는 제품 하나를 둘러싸고도 **다양한 분야의 전문가**들이 필요합니다. 이 중에는 자동차를 **깊숙이 연구**해야 하는 직업도 있지만, 자동차에 대한 **기본 지식**을 바탕으로 일을 하는 직업도 있습니다. 공유 자동차를 관리하거나 내비게이션을 개발하는 사람, 자동차 보험 담당자 등 자동차의 핵심 부품과 관련되지 않은 직업의 사람들은

기초 지식만으로도 충분합니다. AI와 로봇 기술이 중심인 사회도 마찬가지입니다. 새로운 기술에 대한 기초 지식만 갖춰도 충분한 직업이 많습니다.

　진로를 고민할 때 가장 중요한 것은 **내가 하고 싶은 일**을 찾는 것입니다. 그리고 그 일을 어떻게 하면 **더 열심히, 더 즐겁게, 더 잘** 해낼 수 있을지 생각해 보는 시간이 필요합니다.

혹시 시계가 움직이는 원리를 알고 있나요? 요즘은 핸드폰이나 컴퓨터 등 디지털 시계가 흔해졌죠. 시간을 표시하는 기술뿐 아니라 시계가 정확하게 작동하도록 만드는 기술도 발전해서 요즘은 전 세계가 똑같이 움직이는 시계를 보고 있습니다. 하지만 아주 오래전 시침과 분침이 정밀하

게 움직이도록 만들 기술이 없었을 때에는 시계가 저마다 다른 시간을 보여 주기도 했습니다. 하지만 태엽, 톱니바퀴 같은 것들이 발명되면서 점점 오차가 작아져 이런 문제가 사라졌지요. 요즘은 스마트폰이 있어서 손목시계를 잘 안 하고 다니기도 하지만, 시계가 없다면 우리 생활은 매우 불편해질 것입니다.

 손목시계를 만드는 여러 브랜드 중에 롤렉스라는 회사가 있습니다. 가격이 매우 비싸기도 하고, 정해진 수량만 제작하기 때문에 돈이 있어도 구매하지 못하는 경우가 있습니다. 그런데 롤렉스 시계는 최첨단 제품이 아닙니다. 물론 매년 정교한 기술을 사용한 신제품을 출시하지만, 시계를 만드는 데 쓰이는 기술 자체는 17세기에 등장했던 손목시계에서 크게 변한 것이 없습니다. 과거의 기술을 유지하기 때문에 하루에 몇 초씩 오차가 나기도 하죠.

 롤렉스처럼 태엽으로 움직이는 것이 아니라 전지로 작동하는 쿼츠시계(전자시계)는 오히려 이런 단점이 없습니다. 작은 배터리 하나만 넣으면 1년~2년 정도는 문제없이 정확한 시간을 알려 줍니다. 최신 기술을 사용해 만들었음에도 가격은 롤렉스 시계보다 훨씬 저렴합니다. 사람들은 시계의 성능도 중요하게 생각하지만, 오랜 전통과 장인 정신으로 만든 시계를 매우 가치 있다고 여기기 때문입니다.

그렇다면 어떤 시계가 가장 좋은 시계일까요? 세계 모든 나라의 시간을 항상 정확히 알려 주는 디지털 시계일까요? 철학을 담아 장인 정신으로 만든 시계일까요? 그것도 아니면 내가 보기에 가장 예쁜 시계일까요? 저마다 좋은 시계라고 생각하는 기준은 다를 것입니다.

여러분의 진로와 직업도 마찬가지입니다. 앞으로 새롭게 발전할 기술에 맞추어 직업을 갖겠다는 생각보다는 나의 **성격**과 **성향**을 이해하고 **자신의 이야기**를 담을 수 있는 직업을 찾아야 합니다. 기술은 계속 발전하고, 직업은 계속 바뀔 테니까요.

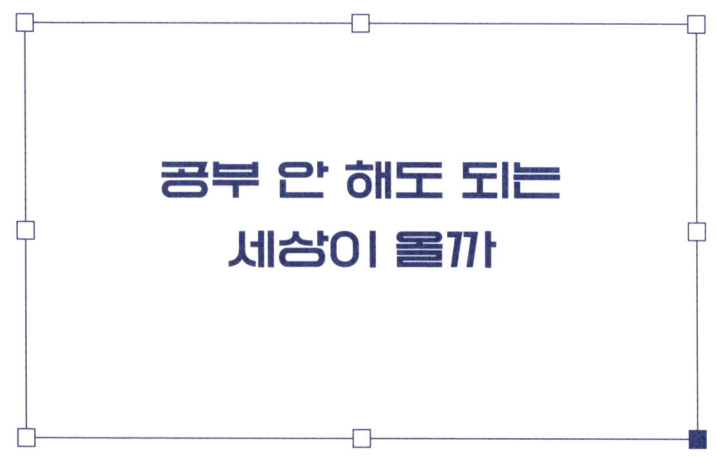

공부 안 해도 되는 세상이 올까

　AI와 로봇 기술이 좋아지면 힘들게 공부하지 않아도 되는 세상이 올까요? AI를 이용해 통역과 번역을 할 수 있으니 영어 공부를 하지 않아도 된다고 이야기하는 사람들이 있습니다. 하지만 이는 잘못된 생각입니다. 영어를 할 줄 모르면 AI의 결과물이 맞는지 확인할 수 없습니다. 게다가 영어를 사용하며 직접 경험하고 배울 수 있는 기회도 모두 사라지죠. 영국이나 미국으로 여행을 가서 현지 사람들과 대화할 수 있다면 훨씬 풍부한 재미를 느낄 것입니다. 좋아하는 연예인이 영어로 인터뷰를 하는 모습을 보면서 그 내용과 말투를 이해한다면 더 생생한 즐거움이 있을 것입니다. AI 기술이 아무리 발전한다고 해도 내가 가진 지식으로 직접 기술을 이용하는 것이 가장 효율적이고 확실합니다.

미래 직업을 위해 우리는 어떤 공부를 해야 할까요? 누누이 이야기했듯 모든 학습의 기본은 **언어**입니다. 우리가 학교에서 배우는 언어는 크게 세 가지입니다. 첫째는 자국어, 즉 **한국어**입니다. 우리는 한국어로 말하고 생각합니다. 모든 지식은 언어인 말과 글로 익히기 때문에 한국어 실력이 탄탄해야 다른 공부도 쉽게 할 수 있습니다.

두 번째는 국제 공용어인 **영어**입니다. 신속하게 접해야 하는 자료는 영어로 먼저 발표되는 경우가 정말 많습니다. 이런 상황에서 영어를 자유자재로 할 수 없다면 중요한 정보를 뒤늦게 알게 되거나 놓칠 수 있겠죠. 세 번째는 **수학**입니다. 수학은 자연현상과 사회현상을 이해하기 위한 기본 언어입니다. 수학 없이는 과학은 물론 각종 통계 자료와 경제도 깊이 이해할 수 없습니다.

이 세 가지 언어 능력에 더해 **컴퓨터 시스템에 관한 기본 지식**을 익힌다면 미래를 대비하는 데 큰 힘이 될 것입니다. 여러분은 미래 기술을 이끌어 가는 컴퓨터 전문가, 아픈 사람을 돕는 의사, 세상의 정의를 실현하는 법학자 그 무엇이든 될 수 있습니다. 상상력의 나래를 마음껏 펼치는 작가나 더 깊은 지식을 창출하는 학자의 길도 갈 수 있죠. 어떤 직업을 선택하든 이 세 가지 기본 언어 능력과 컴퓨터에 대한 기본 지식이 있어야 더 오래, 더 탁월하게 일할 수 있습니다.

과거에는 손재주나 특정 분야의 기술 지식이 뛰어나면 전문가로 대우받았습니다. 하지만 미래 사회에는 AI와 로봇이 사람의 수작업을 대신할 것입니다. 새롭게 생겨나는 일자리는

 로봇이나 다른 사람의 업무를 관리하는 역할일 가능성이 큽니다. 이런 자리일수록 언어 소통 능력이 중요합니다.
 미래 일터에서는 지금 사람이 있는 자리를 로봇이 차지할 것입니다. 직원 두 명이 있는 3인 회사에서 한 달에 1,000만 원을 벌었다고 가정해 보겠습니다. 두 사람에게 월급으로 300만 원씩 주고 나면 400만 원이 남습니다. 이런 상황에서 직원 대신 로봇을 임대하면 어떨까요? 로봇을 빌리고 작동시키고

수리하는 비용이 전부 600만 원이라고 하면 로봇 한 대를 빌리는 것과 직원 두 명이 일하는 비용이 같습니다. 어쩌면 초기에는 로봇 임대 비용이 더 높을지도 모릅니다. 하지만 AI와 로봇 기술이 발전함에 따라 가격은 내려갈 것입니다. 로봇이 더 똑똑해져서 두 사람보다 일을 많이 할 수 있게 되면 직원을 고용하는 것보다 로봇을 빌리는 비용이 오히려 저렴해집니다.

로봇이 많은 일을 하게 될수록 회사는 사람보다 로봇을 고용해 생산을 늘릴 것입니다. 로봇은 튼튼해서 오랫동안 쉬지 않고 일할 수 있기 때문입니다. 로봇을 만드는 회사는 점점 커지고, 로봇에게 자신의 일자리를 내준 사람들은 다른 일을 찾아야 하겠죠. 로봇이 더 다양한 분야에 쓰이게 되면 사람들은 일자리를 찾기 힘들어질지도 모릅니다.

이렇게 일자리는 줄어드는데 전체 생산량은 늘어나서 사회 전체는 부유해지는 신기한 현상을 **양극화 현상**이라고 합니다. 양극화 현상이 일어나면 돈을 버는 사람은 더 많은 돈을 벌고, 그렇지 못한 사람은 점점 더 가난해집니다. 직업의 개수가 줄어들고 한 사람이 할 수 있는 일은 더 많아지기 때문에 많은 일을 하는 사람에게 더 큰 부가 돌아갑니다. 로봇이나

AI 시스템을 만드는 사람, 시스템에 문제가 생겼을 때 해결해 줄 수 있는 사람에게 일할 기회가 많이 주어지겠죠.

물론 새로운 산업이 탄생하면 세상에 없던 직업도 생길 것입니다. 새로운 직업에 필요한 역량을 갖추고 있고, 바뀌는 세상에 빨리 적응할 수 있는 사람은 더 많은 기회가 있을 것입니다. 그러니 AI와 로봇이 많은 일을 한다고 해서 우리가 공부를 하지 않아도 되는 것은 절대 아닙니다. 세상의 변화를 알아채고 적응하려면 자신만의 무기를 만들어야 합니다.

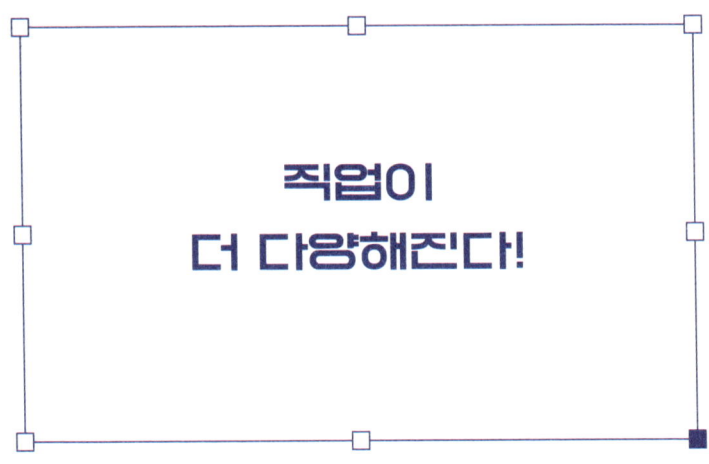

요즘 인기가 많은 **유튜버, 웹툰 작가, 블로거, 소셜 미디어 인플루언서** 같은 직업은 10년 전만 해도 크게 주목받지 못했습니다. 하지만 지금은 대단히 주목받는 직업들이죠.

사람들이 유튜브를 많이 보게 되었다고 해서 유튜버만 인기 직업이 된 것은 아닙니다. 동영상 편집자, 프로듀서, 유튜브 전문 연기자 등 유튜브와 관련된 다양한 직업이 생겨났습니다. 유튜버를 전문적으로 양성하는 학원, 유튜버 소속사 등 새로운 기관들이 나타났는가 하면 유튜버들의 일정과 콘텐츠를 관리해 주는 직업도 생겼습니다. 카메라와 동영상 관련 산

업도 모두 일이 늘어나면서 또 다른 직업이 탄생했습니다. 세상이 바뀌면서 다양한 문화가 생겨나고, 그에 따른 새로운 직업도 함께 생겨난 것입니다.

컴퓨터라는 물건이 세상에 퍼지기 시작한 지는 채 50년도 지나지 않았습니다. 세계 최초의 컴퓨터로 꼽는 '에니악'을 발명한 것은 1946년이고, 세계 **최초의 개인용 컴퓨터**라고 말하는 **'알테어 8800'**은 1974년에 발매됐습니다. 컴퓨터의 대중화를 이룬 모델인 '애플Ⅱ'는 그로부터 3년 뒤인 1977년에 대량으로 팔려 나갔죠. 컴퓨터가 개발되고 AI가 등장하기까지 50년 정도밖에 걸리지 않았는데, 2024년을 기준으로 전

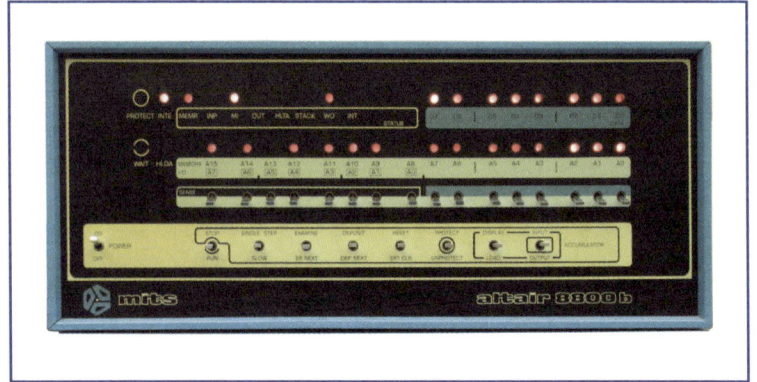

알테어 8800

세계에서 가장 기업 가치가 큰 기업 10개 중 7개가 컴퓨터 기술 회사입니다.

  세상이 바뀐다는 것은 산업이 싹트고 그에 따라 새로운 직업이 생기고, 그 직업으로 사람들이 생계를 꾸려 나간다는 뜻입니다. 미래에도 마찬가지입니다. 4차 산업혁명이 진행될수록 AI와 로봇 기술을 바탕으로 새로운 사회 문화의 흐름이 펼쳐질 것이고, 거기에 걸맞은 직업 또한 생길 것입니다. 새로운 기업들이 탄생하고 그 안에서 수많은 사람이 일하는 세상이 올 것입니다.

  여기서 알아 두어야 할 것은 앞으로 **직업이 훨씬 다양해진다**는 사실입니다. 인류 역사상 완전히 사라진 직업은 하나도 없습니다. 인류 최초의 직업이라고 할 수 있는 사냥꾼도 아직 사라지지 않았습니다. 사냥으로 식량을 구해 먹던 시절과 달리 지금은 사냥꾼이 많이 필요하지 않습니다. 그러나 직업이 다양해지면서 사냥꾼이 되고 싶어 하는 사람도 적어졌기 때문에 오히려 경쟁은 덜합니다. 미래에 주목받는 기술을 배우고 익혀 새로운 시대에 인기 있는 직업을 선택하려고 할수록 치열하고 좁은 길로 들어가게 될 수도 있습니다.

그러니 새로운 기술에 관심을 가지고 공부하는 것은 바람직하지만 유행을 쫓듯 여러분이 하고 싶은 일을 뒤로 하고 장래 희망을 바꿀 필요는 없습니다. 시대가 바뀌면서 특정 직업을 갖기 위해 알아야 할 지식이 더 늘어날 수는 있습니다. 예를 들어 먼 과거에는 누구나 활과 창을 들고 들판으로 나가면 사냥꾼이 될 수 있었지만, 지금은 사냥에 총을 사용하고 관련 법도 만들어졌으니 총기 사용법과 안전 관리 등 관련 법률과 지식을 잘 알아야 합니다. 또한 해로운 동물을 물리치는 것이

사냥의 주목적이 되었으니 다양한 동물에 대한 지식 수준도 높아야겠죠. 전문 사냥꾼으로 거듭나기 위해 공부해야 하는 하는 것이 더 많아진 것입니다.

 미래가 어떻게 바뀔지는 그 누구도 장담할 수 없습니다. 기본적인 **언어 능력**을 갖추고 다양한 분야에서 **지식과 교양**을 쌓고, 두루두루 보고 들으며 **많은 경험**을 한다면 시대와 직업에 관계없이 훌륭한 성과를 내는 사람이 될 것입니다.

미래 사회에는 어떤 직업이 생길까요? 여러 전문 기관과 분석 기관, 언론에서 소개한 '미래의 직업'을 살펴보겠습니다.

AI 전문가

AI 기술이 발전할수록 더 많은 AI 전문가가 필요해질 것입니다. AI로 거의 모든 것이 이뤄질 테니까요. AI 전문가들이 두루 대우받는 사회가 될 것입니다.

+ AI 개발자

AI를 이용해 다양한 앱을 만듭니다. 요즘에는 컴퓨터 프로그램이나 스마트폰 앱에도 AI 기능이 추가된 경우가 많습니다. 사진 배경에 찍힌 다른 사람의 얼굴이나 그림자, 로고 등을 지워 주는 AI 지우개, 화질을 높여 주는 AI 보정, 합성으로 새로운 이미지를 만드는 기능 등이 모두 AI를 활용한 것입니다. 앞으로 우리가 사용할 기기에 AI 기술을 이용한 색다른 기능을 만들어 넣을 전문가가 필요해질 것입니다.

+ AI 시스템 관리자

AI를 설치하고 운영하는 초대형 컴퓨터를 관리합니다.

AI가 다양한 분야에서 폭넓게 일할수록 AI 시스템이 오류 없이 잘 작동하는지 점검할 전문가가 필요합니다.

+ **데이터 처리 전문가**

AI가 학습할 데이터를 분석하고 AI를 학습시킵니다. AI는 어떤 데이터를 어떤 방식으로 학습하느냐에 따라 성능이 결정됩니다. 또한 너무 많은 정보를 무작위로 입력하면 오류가 발생할 수도 있죠. 따라서 데이터를 분석해 정보를 선별하는 작업이 매우 중요합니다.

+ **슈퍼컴퓨터 개발자**

성능이 뛰어난 AI를 운영하는 슈퍼컴퓨터를 만듭니다. 우리가 일상에서 사용하는 컴퓨터로는 고성능 AI를 운영할 수 없습니다. 용량이 훨씬 크고 계산 기능이 압도적으로 뛰어난 슈퍼컴퓨터를 사용해야 복잡한 AI를 잘 실행시킬 수 있습니다. 미래에는 다양한 모델의 AI를 잘 구동할 수 있는 뛰어난 성능의 컴퓨터를 사용하는 기업이 많아질 것입니다.

+ **GPU · NPU 개발자**

AI 시스템의 기본이 되는 GPU(그래픽 처리 장치)와 NPU(신경망 처리 장치)를 연구합니다. 그래픽 처리를 전문으로 하는 장치를 이용하면 AI의 연산 속도가 매우 빨라집니다. 그래서 AI 전용 컴퓨터 시스템에는 GPU를 대량으로 연결합니다. 요즘에는 그보다 발전한 기술인 NPU라는 장치도 개발 중이라고 합니다. AI 사용에 최적화된 장치를 개발하는 전문가들도 앞으로 크게 주목받을 것입니다.

AI 응용 전문가

AI 기술 자체를 개발하는 사람들도 있지만, AI를 능수능란하게 활용해서 훌륭한 결과물을 만들어 내는 사람도 필요합니다.

+ 작곡 AI 활용 전문가

AI 작곡 프로그램을 사용하는 데 자격증이 필요한 것은 아니지만, 음악 전문 지식을 바탕으로 AI 기술을 활용하면 아름다운 멜로디를 효율적으로 작곡할 수 있습니다.

+ 이미지 생성 AI 전문가

생성 AI를 이용해 그림과 사진 등 이미지로 된 작품을 만듭니다. 미술 작품을 잘 이해하고 사진의 원리를 잘 알며 경험이 많고 미적 감각이 높은 사람이 기술을 활용한다면 창의적이고 아름다운 이미지를 만들 수 있겠죠.

+ AI 영상 편집 기술자

초 단위로 장면을 자르고 붙이는 영상 편집에는 많은 노력이 필요합니다. 긴 영상에서 강조할 부분이나 자막, 음향 효과 등을 결정해야 하죠. 카메라와 TV가 발명되고 PD라는 직업이 생겨났듯 미래에는 AI 기술을 영상 편집 도구로 활용하는 직업이 생길 것입니다.

+ AI 업무 상담사

모두가 AI 기술의 발전 속도에 맞춰 적응할 수 있는 것은 아닙니다. 급히 AI 기술을 익혀서 사용하고 싶을 때 도움을 주는 선생님이 있다면 큰 힘이 될 것입니다. 업무에 AI를 활용하는 방법을 자세히 알려줄 수 있는 전문가가 등장할 거예요.

로봇 개발자

AI의 개발과 더불어 중요한 것이 AI를 움직이게 하는 기계인 로봇의 발전입니다. 앞으로 우리 생활 곳곳에서 자율 주행 자동차, 자율 비행 장치(드론), 자율 주행 선박 등 AI가 프로그램되어 움직이는 로봇을 많이 볼 수 있을 것입니다. 로봇이 많은 곳을 누비고 다니게 된다면 로봇을 만들고 관리하고 사용하는 사람들이 필요해질 것입니다.

+ 로봇 공학자
손이나 집게가 달린 로봇 팔을 만들고, 그 팔이 움직이며 여러 가지 일을 할 수 있도록 연구합니다. 앞으로 로봇의 중요성이 점점 더 커지면서 로봇을 개발하는 로봇 공학자의 역할도 중요해질 것입니다.

+ 자율 주행 자동차 개발자
머지않은 미래에 대부분의 자동차는 자율 주행이 가능해질 것입니다. 자율 주행 자동차를 만들기 위해서는 로봇과 AI 기술 외에도 알아야 할 것들이 많습니다. 현재 사용하는 자동차에서 AI로 자동화할 수 있는 부분은 어디인지, 로봇의 모양은 어떻게 만들어야 하는지 등 자동차와 자율 주행 기술을 함께 연구해야 합니다.

+ **자율 운항 선박 개발자**

미래에는 바다와 강을 다니는 배도 자율 운항이 가능해질 것입니다. 배의 구조, 운항 원리, 배가 다니는 항로 등 배에 대한 지식을 바탕으로 로봇 기술을 접목할 수 있는 전문 개발자가 필요합니다.

+ UAM(에어 택시) 개발자

하늘을 나는 택시인 UAM이 십수 년 정도면 실용화될 예정입니다. 비행기의 항로와 겹치지 않게 노선을 만들어 UAM을 운행하는 방안을 검토하고 있다고 합니다. 새로운 교통 수단이 생기면 다양한 형태의 UAM을 개발하는 전문가들이 많아질 것입니다.

+ 드론 개발자

하늘을 나는 로봇인 드론은 앞으로 다양한 분야에서 활용될 것입니다. 현재는 주로 정찰이나 촬영 용도로 사용하지만 최근에는 도심지에서 가벼운 물건을 운송하는 데 사용하기 위한 시도가 이뤄지고 있습니다. 크기는 작지만 어엿한 항공기이기 때문에 로봇공학 이외에도 통신, 항공 역학 등에 해박한 전문가가 드론을 개발하게 될 것입니다.

+ 웨어러블 로봇 개발자

사람이 직접 착용하는 로봇을 개발하는 직업입니다. 인체 구조를 잘 알아야 로봇과 사람이 쉽게 결합하여 편하게 움직이도록 설계할 수 있습니다. 그 외에도 사람이 견

딜 수 있는 무게, 움직이기 적당한 각도, 착용 가능한 시간 등 다양한 요소를 고려해야 하기 때문에 의학 지식이 필요하답니다. 웨어러블 로봇은 산업 현장, 군부대, 장애인 재활 등 다양한 곳에서 쓰일 예정입니다. 앞으로는 웨어러블 로봇을 개발하는 사람들도 많아질 것입니다.

+ **로봇 디자이너**

로봇이라는 기계를 개발하는 개발자가 있다면, 로봇의 모양을 만드는 디자이너도 필요합니다. 사용하기 편리한 형태와 멋진 모습으로 로봇의 외형을 가다듬는 일을 전문적으로 하는 로봇 디자이너의 역할이 커질 것입니다. 로봇 디자이너는 기계공학과 디자인을 모두 공부해야 하는 다방면 전문가입니다. 전문성이 강하기 때문에 공부할 것은 많지만 유망한 직업입니다.

로봇 운용 전문가

미래에는 사람 대신 로봇이 할 수 있는 일이 많아지는 만큼 업무 과정에서 로봇을 총괄적으로 관리하고 감독하는 사람이 필요합니다. AI 시스템을 적용한 로봇을 효과적으로 운영하고 통제할 수 있는 전문가의 일자리도 많아지겠죠.

+ 자동화 물류 시스템 개발자·관리자

미래에는 물류 시스템이 자동화되어 사람 대신 로봇이 배송하는 일이 늘어날 것입니다. 물류 시스템을 자동화하기 위해서는 상품을 분류하고 정리하고, 배송과 운반을 위한 시스템을 설계하고 관리하는 사람이 필요합니다.

+ 자율 주행 자동차 관제사

자율 주행 자동차는 주행 중 돌발 상황이나 사고에 대처하도록 설계됩니다. 하지만 때로는 모든 감각 기관으로 상황을 순식간에 판단할 수 있는 사람보다 대처가 늦을 수 있습니다. 공사 중인 도로가 나타나거나 구급차가 빠르게 지나가야 할 때, 행사 등으로 갑자기 차량 통제가 필요한 도로가 있을 수도 있습니다. 기상 상황에 따라 비행기의 항로를 관리하는 관제사가 있듯이 자율 주행 자동차도 도심 중앙에서 경로를 통제해 줄 관제사가 꼭 필요합니다.

+ 웨어러블 로봇 조정사

'입는 로봇'은 사람의 몸에 꼭 맞아야 합니다. 하지만 사람의 몸 크기는 제각각이니, 로봇의 치수를 조정해 몸에 꼭 맞춰 주는 전문가가 필요해질 것입니다. 몸의 모양과 크기는 생각보다 자주 변하는 데다가 로봇을 입고 자유자재로 움직이려면 정비가 자주 필요합니다. 웨어러블 로봇이 보편화될수록 각자 체형에 맞게 로봇을 조정하는 전문가의 역할이 중요해질 것입니다.

+ 드론 조종사

지금은 사람이 원격으로 드론을 조종하지만 미래에는 AI 프로그램이 드론을 조종할 것입니다. 그럼에도 사람의 적극적인 통제는 꼭 필요합니다. 지금처럼 수동 조종을

해야 할 때도 있겠죠. 꼭 드론을 직접 조종하지 않더라도 드론의 AI 조종을 관리하는 조종사의 일이 미래에는 주목받을 것입니다.

+ UAM(에어 택시) 관제사

UAM은 사람이 타고 다니는 교통수단이기 때문에 안전 관리가 특히 중요합니다. UAM끼리 충돌하지 않아야 하고, UAM이 뜨고 내리는 도심 공항의 이착륙 순서도 정해 주어야 합니다. 이런 일을 맡아 일하는 UAM 관제사가 새로운 직업으로 떠오를 것입니다.

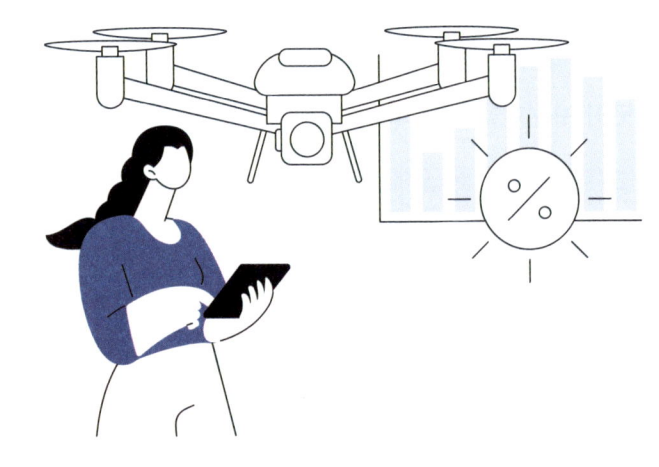

로봇 제어 기술 전문가

새로운 로봇을 개발하고 사용하는 것도 중요하지만, 로봇을 안정적으로 운영할 수 있는 시스템도 필요합니다. 각 로봇의 쓰임에 맞게 시스템을 개발·관리하고 시스템의 오류를 수정하여 로봇의 성능에 맞도록 시스템을 업그레이드하는 일이 주목받을 것입니다.

+ 로봇 제어 시스템 개발자와 관리자

컴퓨터의 운영 체제(OS) 같은 로봇 소프트웨어를 전문적으로 개발하고 관리하는 일을 합니다. 로봇의 숫자가 늘어날수록 전문가 역시 많아지겠죠.

+ 로봇 정비사

로봇을 수리하는 전문가입니다. 로봇은 기계이기 때문에 사용할수록 기능이 떨어질 수밖에 없습니다. 핸드폰 배터리에 수명이 있어 오랜 기간 사용할수록 속도가 느려지는 것처럼 로봇도 시간이 지나면 수리와 보수가 필요합니다. 로봇을 생활에서 많이 사용하게 된다면 전문가들에게 로봇의 상태를 의뢰하고 관리해야 할 것입니다.

+ 시설물 제어 시스템 개발자·관리자

앞으로는 모든 건물이 움직이지 않는 로봇처럼 기능할 것입니다. 조명을 켜고 끄는 것이나 냉난방 관리, 엘리베이터 작동, 문을 여닫는 등 건물에서 일어나는 많은 일이 AI와 로봇으로 작동할 테니까요. 이런 건물을 제어하는 시스템을 개발하고 관리하는 전문가들의 역할은 점점 커질 것입니다.

센서·인터페이스 기술 전문가

AI와 로봇 전문가는 성능을 높이는 것에 그치지 않고, 사용자가 가장 편리하게 쓸 수 있는 방법을 연구하고 개발해야 합니다. 인터페이스는 스크린이나 키보드처럼 사람이 기계를 사용하기 위해 필요한 장치입니다. 지금은 터치 스크린이나 음성 명령 등의 기술을 많이 사용하고 있지만 미래에는 완전히 새로운 기법이 개발될 것입니다.

+ 인터페이스 개발자

인터페이스는 사람과 기계, 기계와 기계를 이어주는 장치입니다. 우리에게 익숙한 것은 터치 스크린입니다. 손으로 스크린을 만지면 열을 감지해 눌리는 원리로, 마우스나 키보드를 연결하지 않아도 사용할 수 있죠. 새로운 기계장치가 개발되면 그 기계를 가장 편리하고 효율적으로 사용할 인터페이스를 연구하는 전문가가 필요합니다. 최근에는 사람과 컴퓨터를 연결하는 HCI 분야, 사람의 뇌와 컴퓨터를 연결하는 BCI 분야 연구가 활발합니다.

+ **디스플레이 개발자**

10년 전과 비교해 우리가 쓰는 가구는 크게 바뀌지 않았지만 컴퓨터 모니터의 모습은 많이 변했습니다. 점점 더 크고 더 얇게, 더 적은 전기로 사용할 수 있도록 발전했죠. 데이터를 시각적으로 화면에 출력하는 장치인 디스플레이가 바뀌면 우리 삶의 형태도 변화합니다. 개발 초기에는 별다른 호응을 얻지 못했던 스마트폰이 이제는 모두가 사용하는 물건이 된 것처럼 말이죠. AI와 로봇의 발전으로 디스플레이 개발자들의 역할도 커질 것입니다.

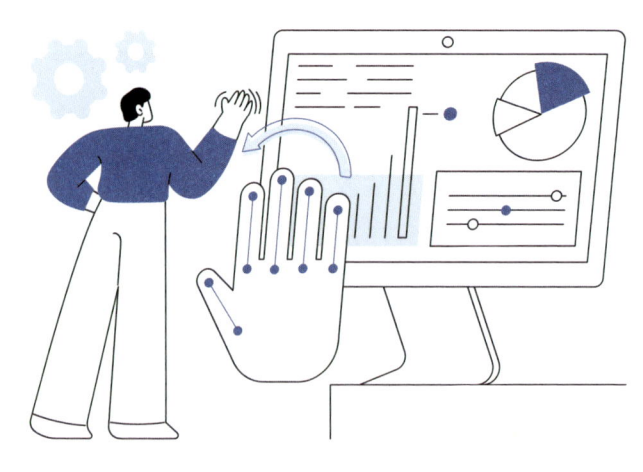

의료·헬스 케어 전문가

과학기술의 종착점은 의학입니다. 인간이 개발한 모든 기술은 결국 사람이 건강하고 행복하게 살기 위해 쓰이기 마련이죠. 로봇 기술과 AI 기술도 충분한 검증을 거치면 의료 분야에 널리 적용되어 혁신에 크게 기여할 것입니다.

+ 의료 기기 공학자

정형외과와 재활의학과에서는 의료 기기를 사용하는 일이 많습니다. 특히 팔이나 다리를 다쳤을 때 입을 수 있는 로봇이 있다거나 관절이 닳은 부위에 로봇을 이용한 의료 기기를 넣을 수 있다면 더 건강한 생활을 누릴 수 있습니다. 미래에는 로봇 의료 기기를 전문적으로 연구하는 공학자의 역할이 더욱 커질 것입니다.

+ 로봇 수술 전문 의사

로봇 수술은 의학의 미래라고 합니다. 의사 수에 한계가 있으니 수술을 받으려면 오랫동안 기다려야 하는 환자가 많습니다. 하지만 미래에는 거의 모든 수술을 로봇으로 대체하게 될 것이고, 로봇을 섬세하게 다룰 수 있는 전문의도 늘어날 것입니다.

+ **실버 케어 전문가**

지금 대한민국은 고령화 사회입니다. 인간의 수명은 증가했는데 출생률이 줄어들면서 전체 인구에서 나이 많은 사람이 차지하는 비율이 높아지고 있습니다. 이제는 몸이 불편한 노인을 돕는 실버 케어 영역에도 로봇이 적극

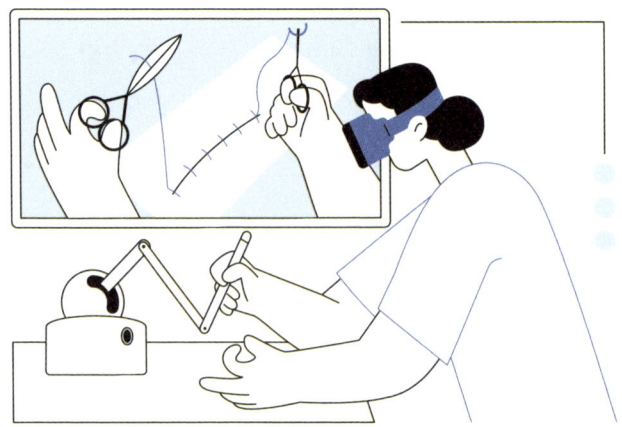

적으로 도입될 것입니다. 실버 케어 분야에서 로봇을 사용하고 관리하는 전문가가 많이 필요해질 것입니다.

+ 감성 인지 기술 전문가

AI가 발전하면 사람들은 정서적인 교류를 기대하게 될 것입니다. 자신의 일이 기계로 대체된다는 불안함과 우울함이 높아지고, 기계와 접촉할 일이 많아지면서 대화가 부족하다고 느끼거나 외로워할 수도 있죠. 이런 문제를 해결해 줄 기술을 전문적으로 연구하는 '감성 인지 기술' 전문가들의 역할이 커질 것입니다.

■ 에너지·환경 분야 전문가 ■

고성능 AI에는 막대한 전력이 필요합니다. AI를 작동시키는 데 쓰는 원자력, 석탄, 석유 등 연료는 공기를 오염시켜 기후 변화를 일으킵니다. 뉴스에서 기후 위기 소식이 자주 들려오는 이유이기도 하죠. 환경오염이 상대적으로 적은 친환경 연료도 있지만 아직은 효율이 떨어져 보조 수단으로만 쓰이고 있습니다. 이런 상황에서 효율이 높은 친환경 에너지를 개발해 보급하고 운영하는 시스템을 만드는 에너지 분야의 전문가가 맡아야 하는 역할이 매우 큽니다.

+ 에너지 저장 시스템(ESS) 관리자

미래에는 석탄이나 석유 같은 연료 대신 태양광이나 풍력 등 자연을 활용한 신재생 에너지가 널리 쓰일 것입니다. 하지만 태양 빛이 늘 강한 것도 아니고 바람이 약한 날도 있기 때문에 신재생 에너지로는 전력 생산이 들쭉날쭉하다는 단점이 있습니다. 따라서 신재생 에너지를 활용하려면 에너지를 저장해 두었다가 쓸 수 있는 시스템도 함께 개발해야 합니다. 에너지 저장 시스템을 관리할 전문 인력도 필요해질 것입니다.

+ **전력망 관리자**

전기가 쓰이지 않는 곳이 없으니 갑작스럽게 전기가 끊겨 사고가 나지 않도록 국가와 지역 전체의 전력망을 통제해야 합니다. 국가적으로 전력을 통제하는 시스템은 지금도 갖춰져 있습니다. 하지만 미래에는 신재생 에너지를 활용하는 일이 많아질 것이므로 전력을 더 적극적으로 관리해야 합니다. 전력망 관리자가 해야 할 일도 훨씬 많아지게 되겠죠.

+ **탄소가스 거래 중개인**

석탄과 석유를 주요 에너지 자원으로 사용하면서 탄소가스가 많이 배출되고 대기가 오염되어 지구온난화를 겪고 있습니다. 지금 인류가 극복해야 할 가장 심각한 문제 중 하나이기도 하죠. 앞으로는 탄소가스 배출을 제한하는 제도가 많이 생길 것입니다. 기업마다 혹은 국가마다 탄소가스 배출량을 정하고, 그 안에서 배출권을 나눠

갖는 세상이 곧 올 것입니다. 유럽에서는 이미 탄소가스 배출량을 줄이는 방안을 구체적으로 논의하고 있습니다. 탄소가스가 완전히 없어지면 좋겠지만 비용이나 기술 등 다양한 이유로 탄소가스를 배출해야만 하는 경우도 생길 것입니다. 그럴 때 탄소가스 배출 권리를 사고파는 거래를 해 주는 사람이 있다면 좋겠죠. 탄소가스 거래 중개인은 세계 곳곳에서 활약하게 될 것입니다.

LOADING . . .

내용 알기

01. 주어진 단어에 알맞은 뜻을 찾아 연결해 보아요.

디지털 혁신　●　　　　　●　로봇이 스스로 움직이고 주변 환경을 알아보기 위한 감각기관

지도 학습　●　　　　　●　컴퓨터의 계산 장치

CPU(중앙처리장치)　●　　　　　●　CPU와 메인보드 사이에서 데이터를 주고받는 통로

로보타　●　　　　　●　AI에 문제와 정답을 알려 주고 학습하게 하는 기본 학습법

센서　●　　　　　●　업무에 디지털 기술을 도입해서 큰 변화를 일으키는 것

약인공지능　●　　　　　●　'일을 하는 사람(노예)' 혹은 '고된 일'을 뜻하는 체코어

시스템 버스　●　　　　　●　사람이 시킨 일을 정해진 순서에 따라 수행하는 AI

독후활동

02. 가로세로 낱말 퍼즐

가로 열쇠

1. 로봇이 움직이는 동력 중 하나. 갑각류형 로봇에 많이 쓰인다.
2. 반도체 칩의 성능이 12개월마다 두 배가 될 것이라고 예상했던 법칙.
3. AI의 논리 구조는 인간의 이 구조를 본떠 만든 것이다.
4. 창작 활동을 할 수 있는 판단력이 학습된 AI를 생성형 AI 또는 'ㅇㅇㅇㅇㅇㅇ AI'라고 부른다.
5. 가전이나 기기에 컴퓨터가 내장되면서 많은 물건이 ㅇㅇㅇ화 되고 있다.

세로 열쇠

1. 사람이 소프트웨어의 동작 순서를 모두 다 알려 주는 AI 기본 학습 방식.
2. '학습하는 기계'라는 뜻으로 컴퓨터가 데이터를 학습할 수 있도록 개발하는 것.
3. 현대식 컴퓨터 구조를 'ㅇㅇㅇㅇ 구조'라고 부른다. 처음 생각해 낸 수학자 이름을 땄다.
4. 스티브 워즈니악과 함께 애플을 설립한 사람.
5. 장소를 옮겨 다니는 이동 기능만 갖춘 로봇. 로봇 청소기와 드론도 이 유형에 속한다.

03. 매년 스위스 다보스에서 열리는 회의로, 2016년 클라우스 슈바프 회장이 최초로 '4차 산업혁명'을 강조했던 회의의 이름은 무엇일까요?

① G20 정상회의 ② UN 정상회의 ③ 세계경제포럼 ④ EU 정상회의

04. 다음 중 컴퓨터에 대한 설명으로 옳지 않은 것을 하나 고르세요.

① 컴퓨터를 구성하는 기본 부품 세 가지는 CPU, RAM, HDD(SSD)이다.
② 초창기 컴퓨터는 개인용으로 사용되지 못했다.
③ 최신형 컴퓨터는 사운드 카드를 연결해야만 소리를 들을 수 있다.
④ 스마트폰은 들고 다니는 컴퓨터라고 할 수 있다.

05. 인공지능에 대한 설명으로 옳은 것을 고르세요.

① 연결주의 방식은 AI에게 명령을 일일이 입력하는 기본 학습법이다.
② AI는 기계의 도움 없이 스스로 움직일 수 있다.
③ 기호주의 방식으로 학습한 AI는 인간과 같은 직관을 가진다.
④ 비지도 학습을 거친 AI는 수많은 사진 중에 같은 사람을 찾아낼 수 있다.

06. 로봇에 대한 설명으로 옳은 것을 모두 고르세요.

① 보행 로봇은 이미 일터에서 인간과 협동하여 업무를 수행하고 있다.
② 이동 기능만 갖춘다면 로봇이 배달 업무를 대신 할 수 있다.
③ 로봇이 큰 힘을 내기 위해서는 전기모터보다는 유압식 구동장치를 사용해야 한다.

④ 건설용이나 군사용 로봇같이 특수한 작업을 목적으로 하는 로봇은 주로 갑각류형으로 만든다.

07. 다음 빈칸에 들어갈 알맞은 말을 채우세요.

> 1946년에 개발된 (   )은 가장 오래된 컴퓨터라고 흔히들 말하지만, 유일한 최초의 컴퓨터라고 하기는 어렵습니다. 이듬해인 1947년에 수학자 (   )이 지금의 컴퓨터 구조와 같은 에드삭이라는 컴퓨터를 만들었기 때문입니다. 단순 계산 기능만 가지고 있던 에니악보다는 에드삭이 진정한 최초의 컴퓨터라고 이야기하는 사람도 있습니다. 에드삭 이후 컴퓨터에 (   )를 설치해 사용한 최초의 컴퓨터 에드박이 등장하면서 최신형 컴퓨터와 원리가 같은 컴퓨터가 탄생했습니다.

08. 다음 빈칸에 들어갈 알맞은 말을 채우세요.

> AI는 인간의 (   ) 구조를 본떠 만든 논리 구조를 사용하여 학습합니다. 촘촘하게 연결된 신경세포들이 서로 신호를 주고받으면서 상황에 따라 빠르게 판단을 내리듯이 AI도 같은 원리로 작용합니다. 이것을 (   ) 기술 또는 '심층 학습'이라고 합니다.

09. 다음 빈칸에 들어갈 알맞은 말을 채우세요.

> 1차 산업혁명은 18세기 후반에 시작되었습니다. 세상에 (   )이라는 것이 나타나면서 인간이 움직이는 힘을 손에 넣게 된 것입니다.

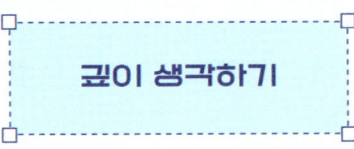

01. 로봇과 AI의 발달로 미래에는 산업 구조가 크게 변화할 것입니다. 단순 학습이 가능한 직무나 서비스 업무, 많은 힘이 필요한 업무 등 많은 부분을 로봇이 담당할 것으로 예상됩니다. 대신 AI 기능과 로봇을 잘 다루는 사람들이 필요해지겠죠. 미래의 사회에서 사람들은 어떤 일을 주로 하게 될까요? AI나 로봇은 할 수 없고 사람만 할 수 있는 일이 과연 남아 있을까요?

02. AI 기술이 발전하면서 우리 생활은 더욱 편리해질 것입니다. 하지만 AI의 발전에 따라 생기는 부작용도 당연히 있을 것입니다. 데이터 학습을 마친 AI가 잘못된 정보를 알려 줬을 때, 이미지를 만드는 AI가 다른 사람의 사진을 허가 없이 사용했을 때, 자율 주행 자동차가 운전 중 사고를 일으켰을 때 그 책임은 누구에게 있을까요? 사람일까요, 아니면 AI일까요? 여러분의 생각을 들려 주세요.

01. 책에서 가장 흥미로웠던 내용은 무엇인가요? 그 이유도 함께 알려 주세요.

02. 10년 후에는 어떤 AI 기능과 로봇이 발명될까요?

01. 주어진 단어에 알맞은 뜻을 찾아 연결해 보아요. p.225

디지털 혁신 — 업무에 디지털 기술을 도입해서 큰 변화를 일으키는 것

지도 학습 — AI에 문제와 정답을 알려주고 학습하게 하는 기본 학습법

CPU(중앙처리장치) — 컴퓨터의 계산 장치

로보타 — '일을 하는 사람(노예)' 혹은 '고된 일'을 뜻하는 체코어

센서 — 로봇이 스스로 움직이고 주변 환경을 알아보기 위한 감각기관

약인공지능 — 사람이 시킨 일을 정해진 순서에 따라 수행하는 AI

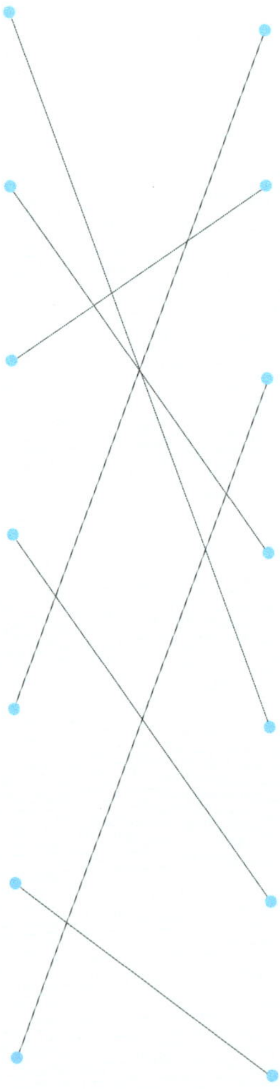

시스템 버스 — CPU와 메인보드 사이에서 데이터를 주고받는 통로

02. 가로세로 낱말 퍼즐 p.226

03. ③
04. ③
05. ④
06. ③, ④
07. 에니악, 폰 노이만, 소프트웨어
08. 신경망, 딥 러닝
09. 증기 기관

**10대를 위한
인공지능에 관한 거의 모든 것**

초판 1쇄 발행 2023년 12월 28일
초판 2쇄 발행 2025년 10월 15일

지은이 전승민
펴낸이 허정도

총괄 박동욱　**편집장** 임세미
책임편집 백지선　**디자인** 서윤하
마케팅 신대섭 김수연 배태욱 김하은 이영조　**제작** 조화연

펴낸곳 주식회사 교보문고
등록 제406-2008-000090호(2008년 12월 5일)
주소 경기도 파주시 문발로 249
전화 대표전화 1544-1900　**주문** 02)3156-3665　**팩스** 0502)987-5725

ISBN 979-11-7061-086-1 (74500)
　　　979-11-7061-088-5 (세트)
책값은 표지에 있습니다.

- 이 책의 내용에 대한 재사용은 저작권자와 교보문고의 서면 동의를 받아야만 가능합니다.
- 잘못된 책은 구입하신 곳에서 바꾸어 드립니다.